"El libro L[...]   [...]dor,
alentador [...]   pro-
metidos y [...] ... ... al Señor. Recomiendo su
lectura y que pueda poner por obra sus enseñanzas. El mismo
nos desafía a creer quiénes en verdad somos y a actuar en
consecuencia".

Dr. Randy Clark, fundador,
Apostolic Network of Global Awakening

"¡Robby ha dado justo en el clavo con este libro! Vale la pena
luchar por los planes que Dios tiene para nuestras vidas; y es
necesario estar preparados para esta lucha. Conocer al adversario constituye la estrategia que cada guerrero poderoso debe
tener. Animo a cada creyente a familiarizarse con el presente
libro y a poner en práctica sus verdades. Ahora es el tiempo de
levantarnos para tomar nuestra identidad verdadera en Cristo".

Capitana Danielle Strickland, Ejército de Salvación

"*Ladrón de identidad* constituye un libro honesto, vulnerable,
sincero, lleno de fe, generoso y alentador. En otras palabras,
es exactamente como su autor. Recomiendo encarecidamente
tanto este libro como a su autor".

Mike Pilavachi, Soul Survivor

"El libro *Ladrón de identidad* de Robby Dawkins es honesto,
verdadero e invita a la reflexión. Ser cristianos a menudo significa renunciar a ganar los concursos de popularidad. ¿Podría
ser que nuestra falsa sensación de humildad y las mentiras del
enemigo nos hayan dejado sin marca, sin distinción y, finalmente, sin una forma de identidad? La confesión honesta de
Robby por hallar su identidad revela cómo Dios remplaza la
muerte causada por la religión con la vida que Cristo evoca.
Este libro es tanto un testimonio como una celebración por
conocer quiénes somos en Cristo, descansando en nuestro

propósito e incesantemente persiguiendo el llamado único de Dios para nuestras vidas".

Leon Schoeman, director de red y contenidos,
TBN Reino Unido y TBN Europa

"¡Nunca se debe suponer que seguir a Jesús será aburrido! En este libro podemos volver a captar el impacto del amor, la gracia y el poder de Jesús; y la manera en la cual produce vidas transformadas".

Mark Bailey, líder nacional,
New Wine England

"Robby Dawkins es un regalo para la Iglesia y una amenaza para el enemigo. Cada vez que lo escucho hablar o leo sus palabras, me desafían a ser más implacable en amor y valiente en poder. Su libro *Ladrón de identidad* comunica con claridad el hecho de que tanto el poder como el amor no son cosas que hacemos sino que representan quiénes somos, porque constituyen la naturaleza de nuestro Padre. Después de leer *Ladrón de identidad*, no solo tendrá un mayor conocimiento acerca de la persona de Robby Dawkins, sino que también sabrá que el Padre lo creó para ser un regalo para el mundo y una amenaza para las tinieblas".

Bob Hazlett, autor, *Think Like Heaven:
Change Your Thinking, Change Your World*
[Pensar como el cielo: cambiar tu pensamiento, cambiar tu mundo]

LADRÓN DE IDENTIDAD

LADRÓN DE IDENTIDAD

ROBBY DAWKINS

CASA
CREACIÓN

la American Bible Society, y puede ser usada solamente bajo licencia.

Las citas bíblicas marcadas (PDT) han sido tomadas de la versión *Palabra de Dios para todos*, Copyright © 2005, 2008, 2012, Centro Mundial de Traducción de La Biblia, Copyright © 2005, 2008, 2012. World Bible Translation Center.

Las citas bíblicas marcadas (BLP), han sido tomadas de *La Palabra*, (versión española) © 2010 Texto y Edición, Sociedad Bíblica de España.

Traducido por: Marina Lorenzín
Diseño de portada por: Justin Evans
Director de diseño: Justin Evans

Visite la página web del autor: www.robbydawkins.com

Library of Congress Control Number: 2016937267
ISBN: 978-1-62998-861-0
E-book: 978-1-62998-986-0

Nota de la editorial: Aunque el autor hizo todo lo posible por proveer teléfonos y páginas de internet correctas al momento de la publicación de este libro, ni la editorial ni el autor se responsabilizan por errores o cambios que puedan surgir luego de haberse publicado.

Impreso en los Estados Unidos de América
16 17 18 19 20 * 5 4 3 2 1

Dedico el presente libro a mis seis hijos: Judah, Micah, Isaiah, Elijah, Canah y Caspian. Escribí este libro para ustedes y he permitido al mundo escuchar nuestras conversaciones. Son seis leones pequeños en quienes su madre y yo hemos invertido todo lo que tenemos y lo que somos. Sabemos que sus identidades son formadas para cambiar el mundo para nuestro gran Rey. Mientras le declaran la guerra al ladrón de identidad, sepan que su papá y su mamá se encuentran en las gradas, alentando a nuestros seis campeones a una victoria asombrosa. Les amamos y les saludamos. ¡Por el reino!

CONTENIDO

PRÓLOGO

Conocí a Robby Dawkins este año cuando lo entrevisté para mi programa de televisión *It's Supernatural!* [¡Es sobrenatural!]. Me impresionó porque su pasión no transmitía "Mira cómo Dios me usa", sino en cambio "Todo lo que hago, también tú puedes hacerlo; y quiero ser tu mentor para que vayas más lejos de lo que yo he ido".

Incluso si nunca ha experimentado los dones y la sanidad sobrenatural, lo invito a pasar una semana con Robby en las calles y podrá profetizar, orar y ver a los enfermos ser sanados y conducir a las personas a Jesús. ¡Qué estimulante! En otras palabras, será una persona normal, de acuerdo con los parámetros de la Biblia.

La mayoría de los creyentes nunca ha comprendido ni caminado en su verdadera identidad. Como consecuencia, nunca han caminado en su destino. Pero si no es ahora, entonces, ¿cuándo? Dios tiene una tarea y un destino específico para su vida. Nadie puede hacerlo tan bien como usted. Dios no crea basura. Somos hechura de sus manos; pero el ladrón de identidad ha manipulado su verdadera identidad.

Este libro alterará su dirección para abrazar su verdadero destino. No es demasiado tarde. Es hora de salir de la barca y caminar sobre las aguas. ¿Por qué permanecer en la barca? Es tiempo de ser normal y ser naturalmente sobrenatural.

Sid Roth, anfitrión, *It's Supernatural!*

1

¡NOS HAN *HACKEADO*!

"El ladrón no viene más que a robar, matar y destruir; yo he venido para que tengan vida, y la tengan en abundancia".

Juan 10:10

Trent parecía ser una persona común y corriente.

En general era apuesto, pero nada sobre él lo hacía sobresalir de la multitud. Era de estatura, aspecto y contextura promedio. Era una de esas personas que parece vagamente familiar. Cuando lo conocí, tuve la sensación de que lo había visto antes.

Sin embargo, sabía que no podía ser posible, porque Trent había pasado nueve años en prisión antes de que comenzara a asistir a la iglesia en donde pastoreaba.

Su prometida, Rachel, una jovencita encantadora quien era cristiana, empezó a asistir a la iglesia antes que él. De hecho, me había escrito una carta cuando se encontraba todavía en prisión, la cual decía que ella era lo mejor que le había pasado y que iba a comenzar a congregarse con ella tan pronto fuera puesto en libertad condicional. No mencionó palabra sobre por qué estaba cumpliendo condena, y cuando le pregunté a su futura esposa sobre esto, me dijo: "Preferiría que él le cuente".

Trent cumplió su palabra. Fue puesto en libertad al cabo de uno o dos meses de haber escrito aquella carta, y comenzó a asistir a la iglesia fielmente.

Me cayó bien de inmediato. Era un hombre sociable,

obviamente amaba al Señor y estaba dispuesto a servir en donde fuera necesario.

De hecho, cuanto más conocía a Trent, más desconcertado me encontraba al pensar que pudo haber hecho algo que resultó en nueve años tras las rejas. Sentí que el saber más acerca de su vida, me ayudaría a ser para él un mejor pastor. ¿Había luchas específicas con las que podría ayudarlo? ¿Alguna dirección en particular que podría ofrecerle?

Así que cierto día lo invité a tomar un café y le dije que me gustaría saber más sobre él.

Se quedó mirando a lo lejos por un minuto y luego me preguntó: "Robby, cuando eras un niño, ¿alguna vez tu papá jugó contigo a la pelota?".

Sacudí mi cabeza. "En realidad no. Mi padre era más un comunicador. Hablábamos muchísimo, sobre todo. Pero sí jugábamos a veces a atrapar la pelota".

Luego dijo: "Bueno, algunos padres enseñan a sus hijos a jugar a la pelota o a cómo tener una buena conversación; pero mi papá me enseñó a robar. Mis padres solían llevarme a las joyerías, y distraían al empleado para que pudiera tomar un puñado de joyas y llenar mi bolsillo. Mi papá me enseñó a engañar. Me enseñó a mentir. Esa fue mi herencia familiar".

Nunca suelo quedarme sin palabras, pero en aquel momento, todo lo que podía pensar en decir era: "Cuánto lo siento".

Una sombra se movió a lo largo del rostro de Trent mientras exponía con alivio sus recuerdos dolorosos de su niñez. "También aprendí a pelear cuando era un jovencito", continuó. "Mi papá decía que quería asegurarse de que pudiera defenderme por mi cuenta. A veces él comenzaba una pelea a puñetazos conmigo. Así fue mi vida hasta que terminé la escuela preparatoria y partí de mi casa. Luego, encontré una mejor manera de robar".

"¿Cuál fue?".

"Aprendí a obtener información personal de las personas de las cosas que ellos desechaban. Obtenía impresiones de sus tarjetas de crédito e incluso me hacía su amigo solo a fin de poder usar la información que me contaban—como por ejemplo el apellido de soltera de su madre, a dónde fueron a la escuela y todo aquello que podría usar para hacerme pasar por ellos—. Usaba a las personas hasta que estuvieran al borde de la ruina o incluso *en* ruinas, y luego buscaba a alguien más".

Me miró y me dijo: "Robby, soy un ladrón de identidad".

Como un hombre que pastorea por más de dos décadas, he escuchado muchas confesiones. He conocido a personas que se me han acercado y confesado homicidios que han quedado impunes. He recibido a esposos y esposas que confesaron sus infidelidades, y he recibido a esposas que compartieron que sus esposos no sabían que el niño no era de ellos. Asimismo, algunos hombres me han contado que llevaban una doble vida— tenían una esposa y una familia, pero concurrían a bares gais. Si mal no recuerdo, esa fue la primera vez que escuché la expresión *ladrón de identidad*.

Ciertamente, no fue la última. En la actualidad, parecería que estamos viviendo en la era del robo de identidad. A millones de nosotros nos han *hackeado* nuestro banco, cuentas de tarjeta de crédito o cuentas de redes sociales. Si envía y recibe correos electrónicos, entonces, lo más probable es que haya recibido un número de mensajes fraudulentos los cuales intentan engañarlo al aconsejarle que confirme su número de seguridad social u otra información personal. Los ladrones de identidad nos llaman por teléfono para comunicarnos que adeudamos impuestos y que el Servicio de Impuestos exige que los paguemos ya mismo por medio de nuestra tarjeta de crédito.

No tengo que decírselo, porque ya lo sabe: ¡los ladrones de identidad están en todas partes!

En el año 2012, personas como Trent robaron más de 21 000 millones de dólares a sus víctimas inocentes,[1] y esta cifra va en aumento. El robo de identidad constituye el delito de mayor crecimiento en el mundo.[2]

Incluso mientras estaba en el proceso de escribir este libro, piratas informáticos robaron la información personal de millones de clientes de la gran compañía de seguros Anthem Blue Cross. De acuerdo con el informe de noticias, los ladrones adquirieron información—como los nombres, fechas de nacimiento, números de seguro social, domicilios y mucho más—de más de ocho millones de clientes de Anthem[3]. Hasta ahora, constituye la violación de datos más grande de la historia corporativa. Digo "hasta ahora" porque seguramente no pasará mucho tiempo hasta que algo peor ocurra.

Todos corremos peligro.

Si es como yo, lo asusta pensar que alguien con intenciones delictivas puede tener acceso a toda su información personal. Es una sensación horrible ser usado y vulnerado de este modo. Se asemeja a llegar a su hogar al final del día y descubrir que ladrones han saqueado su casa y tomado muchas de sus pertenencias más queridas. Los ladrones de identidad se encuentran en todas partes, y por ello es importante hacer todo lo que tenga a su alcance para protegerse de ellos.

El ladrón de identidad original

Sin embargo, existe un ladrón de identidad que roba mucho más que los bienes materiales como los números de seguridad social, tarjetas de crédito y dinero en efectivo. Una cosa es cuando alguien roba varias de sus cuentas y se hace pasar por usted, pero este ladrón hace algo peor: lo convence de que es una persona diferente de quien realmente es.

Muy probablemente, ya lo haya hecho.

Los ladrones que *hackearon* el sistema de Anthem obtuvieron la información personal de ocho millones de personas. No obstante, hay más de 7000 millones de habitantes en este planeta, y el ladrón de quien estoy hablando tiene los bienes de todos nosotros. Conoce cada contraseña, cada clave personal, su número de seguridad social, todo.

Peor aún, sabe dónde cada uno de nosotros es más vulnerable para atacarnos espiritualmente. Sabe cómo hacer para que los cristianos se sientan insignificantes y miserables cuando, en realidad, somos herederos de nuestro Padre, Dios. Nos lleva a renunciar a Dios y a nosotros mismos al convencernos de que somos descalificados. Roba la esperanza y nos deja desolación. Destruye la fe con la incredulidad y deja a la esperanza con temor.

Por supuesto, estoy hablando de nuestro enemigo, Satanás. Él está intentando robar nuestra identidad y dejarnos indefensos. Trata de robarnos los derechos que nos pertenecen como hijos de Dios.

Pero hay una buena noticia, y es la razón por la cual estoy escribiendo este libro.

Si pertenece a Jesús, entonces es un hijo de Dios. Tiene el derecho de caminar en poder y en victoria y esperar respuestas milagrosas a sus oraciones. Conocer su identidad y su lugar en Cristo constituye la verdad esencial que lo librará para entrar en el reino de la vida inimaginable que hay en Dios, el cual es su derecho de nacimiento, y actuar en el poder y en la autoridad que Cristo vino a restablecer para usted.

Esto es lo que este libro pretende enseñarle. En el viaje que juntos emprenderemos por estas páginas, le compartiré algunas de las muchas maneras en las que Satanás ha tratado de robar mi identidad a lo largo de los años. Asimismo, le mostraré desde mi experiencia personal cómo Dios lo ayudará a obtener la victoria, al igual que lo hizo conmigo, y cómo puede responder cuando Satanás torna y fija su mirada sobre usted.

Trent vivía la buena vida como ladrón de identidad. Tenía una gran cantidad de dinero. De hecho, era tan bueno en lo que hacía que fue reclutado por una pandilla.

Sin embargo, su cargo de consciencia no lo dejaba tranquilo. Cuanto trató de ocultar su sentimiento de culpa con el consumo de drogas, se volvió adicto a la heroína y a la cocaína. Poco tiempo después de eso, cometió un error y terminó en prisión.

"No había pasado mucho tiempo en prisión cuando Rachel vino a verme", me dijo. "Era cristiana, y me contó que Dios le había hablado sobre mí y le dijo que debía amarme incondicionalmente, porque íbamos a contraer matrimonio".

Trent se rio cuando le dijo eso. Rachel desconocía la clase de persona que él era o todos los delitos que había cometido. No sabía de qué era capaz de hacer. ¿Cómo podía prometer que lo amaría de manera incondicional? Era fácil decir algo semejante, pero algo muy distinto es llevarlo a cabo. Era una joven bonita, pero Trent pensó que se trataba de alguna locura de la religión.

No obstante, día tras día, Rachel cumplía su promesa. Era amable con Trent. Oraba por él. Le aseguró que creía en él y que estaba convencida de que podía dejar atrás su vieja vida.

"He tenido muchas novias", me dijo Trent, "pero ninguna de ellas me había tratado de la forma en la que ella lo hacía".

Rachel demostraba constantemente el amor de Dios hacia Trent; y como le dijo, comenzó a enamorarse de ella.

Pero entonces, mientras me compartía su historia, Trent sacudió la cabeza.

"Una tarde, todo cambió", me dijo. "Fue como si la luz

se hubiera ido de sus ojos. Me contó que algo terrible había sucedido. Su madre había encontrado diversos cargos en su tarjeta de crédito los cuales no había realizado. Me miró fijamente a los ojos y me preguntó: '¿Le has robado a mi madre?'".

Por primera vez en años, Trent dijo la verdad.

"Sí", le confesó.

Sus ojos se entrecerraron y se volvieron más oscuros. "¡Entonces no quiero tener nada más que ver contigo!", gritó, dándose la vuelta y saliendo furiosa de la sala de visitas de la prisión.

Trent se paró y la vio marcharse, queriendo llamarla pero incapaz de hacerlo.

"Regresé a mi celda", me dijo. "Estaba oscuro y ya había anochecido y solamente me senté allí por horas. No podía pronunciar palabra alguna. Me sentía incapaz de pensar con claridad, porque todo lo que se me cruzaba por la mente era: '¿Qué he hecho?'".

Trent me dijo que nunca había orado realmente antes de aquel episodio. Sin embargo, al encontrarse a sí mismo devastado por lo que le había hecho a esta jovencita quien significaba tanto para él, pronunció su primera oración genuina.

"Dios, era la última persona en esta tierra que tenía", le dijo a Dios aquella noche, "y se acaba de marchar de mi vida. Ahora, me encuentro completa y totalmente solo".

De pronto, Jesús estaba allí

En ese instante, algo asombroso sucedió que cambió la vida de Trent para siempre.

De pronto, Jesús se le apareció en su celda, extendió su mano y ayudó a Trent a ponerse de pie.

Trent recuerda aquel amor que irradiaba de la persona de Cristo mientras le decía: "Quiero que vengas a mí. La vida que has estado viviendo no es la vida que había planeado para ti. Pero te tomaré y te cambiaré y te daré una nueva vida".

Trent dice que el Señor luego lo envolvió en sus brazos, y sintió como si estuviera siendo absorbido por su luz.

"Podía sentir su calor", me contaba. "Era tan real que podía hasta olerlo. Y supe que algo estaba cambiando dentro de mí".

Jesús comenzó a decirle a Trent cosas acerca de él—sobre su verdadera identidad—las cuales eran exactamente contrarias a la manera en que siempre se había visto a sí mismo.

Jesús decía: "Ahora eres un hombre honesto", pero Trent sabía que siempre había sido un mentiroso y un ladrón.

"Ahora eres un hombre bondadoso", Jesús le decía, pero Trent sabía que había herido a docenas de personas sin siquiera detenerse a pensar en sus sentimientos.

"Eres preciado para mí", el Señor le decía, pero Trent no comprendía cómo podía ser posible. Sin embargo, mientras se encontraba allí parado en el abrazo de Dios, sabía que todo era verdad. También sabía que quería convertirse en el hombre honesto y bondadoso que Dios decía que era.

Cuando el Señor finalmente lo soltó, solo desapareció.

Trent comenzó a clamar: "¡Por favor, no me dejes! ¡Por favor, no te vayas!".

Luego, mientras me contaba esta historia, me dijo: "De pronto me di cuenta de que no me había abandonado. No puedo explicarlo con palabras, pero sabía que estaba dentro de mí".

Después de eso, todo cambió

Al día siguiente, Rachel regresó a la prisión para ver a Trent. Cuando le informaron que tenía una visita, dijo: "Debe haber algún error. Nadie quiere verme".

Se dirigió a la sala de visitas y se sorprendió al encontrar a Rachel sentada allí. Estaba seria, pero no parecía enojada como lo había estado el día anterior.

"¿Por qué estás aquí?", preguntó.

"Dios me habló anoche y me dijo que viniera a verte", ella respondió. "Me dijo que te estaba cambiando en ese mismo instante. Él dijo: 'Perdónalo y ámalo. Él me ha abrazado'".

Lloraron juntos mientras Trent le compartía su experiencia transformadora de la noche anterior.

Esa es la razón por la cual todo cambió. Por lo general, a Trent se lo mantenía aislado por mala conducta, pero desde aquel momento, se convirtió en un prisionero ejemplar. Decidió que sería un hombre honesto, sin importar el precio que tuviera que pagar. Como resultado, en cuestión de algunos meses, fue trasladado desde una prisión de máxima seguridad a un establecimiento de seguridad mínima, en donde en un corto plazo se convirtió en un prisionero con privilegios. Cuando allí demostró ser digno de confianza, se le concedió la libertad anticipada. En lo que a Trent respecta, la mejor parte fue experimentar el perdón de Rachel por lo que había hecho. Trent sabía que quería pasar el resto de su vida con ella, así que se puso de rodillas y le propuso matrimonio. Se sintió muy emocionado cuando ella aceptó.

Está destinado a cosas mayores

Durante años, Trent se había ganado la vida al robar las identidades de otras personas; sin embargo, lo que no sabía era que Satanás le había robado la suya primero, desde el comienzo. Trent era preciado a los ojos de Dios, pero Satanás le había hecho creer que era un perdedor despreciable. Fue creado, al igual que todos nosotros, para brillar en un mundo de tinieblas; sin embargo, se había convertido en un instrumento de oscuridad y desánimo.

Y Trent no es el único.

Permítale contarle, por ejemplo, sobre mi hijo Canah. Canah es solo un niño—hoy cumple once años—pero tiene un gran corazón para con las personas. Le encanta orar por la gente y verlas cuando reciben sanidad. No tiene que conocer a Canah muy bien para darse cuenta de que está dentro del espectro autista.

Entonces, ¿quién es Canah? Podría describirlo como un niño autista; y eso es precisamente cómo Satanás quiere que Canah se vea a sí mismo—por sus "imperfecciones"—. Es exactamente cómo Satanás, el gran ladrón de identidad, quiere que también usted se mida—como la suma de todas sus limitaciones y "fracasos".

Sin embargo, la identidad verdadera de Canah es esta: un guerrero poderoso de Dios. Un amigo para todo aquel que no tiene uno (como me dijo el otro día). Un defensor del débil y un portador del corazón de Dios.

He aquí una de las razones por la que afirmo que esto es cierto. En agosto de 2013, algunos miembros de mi familia fuimos a Inglaterra para una serie de festivales. Canah estaba allí conmigo, junto con mi esposa, Angie, y nuestros otros hijos, Judah, Micah, Isaiah, Elijah y Caspian. Cuando digo *festival*, quizás piense en un evento con un par de cientos de personas, pero estos eran eventos mucho más grandes. En ese mes, al menos cincuenta mil personas habrían asistido a estos festivales de New Wine y Soul Survivor. El más grande de estos encuentros tenía aproximadamente once mil personas en una carpa gigante, y el más pequeño tenía más o menos la mitad. GOD TV estuvo presente para grabar la noche en la que prediqué.

Al finalizar uno de esos servicios, más de mil personas pasaron al frente por oración y sanidad. Canah había recibido una palabra de conocimiento sobre los hombros y caderas que necesitaban sanidad aquella noche.

"Papá, ya has hablado demasiado", me dijo. "Es hora de la

sanidad. Hay algunos cuerpos lastimosos en este lugar que necesitan sanidad".

Tenga en mente que es un jovencito quien, de acuerdo con un doctor, nunca sería capaz de mirarnos a los ojos ni de hablar. Este doctor nos dijo que Canah tenía "el peor caso de autismo" que jamás había visto.

Pero debió haber visto a Canah en la plataforma aquella noche. Derramaba cada gota de su energía para ministrar sanidad a la gente. Dos personas fueron inmediatamente y completamente sanadas de escoliosis grave. Podía ver sus posturas transformarse justo delante de sus ojos. Pasar de estar torcidas y dobladas a pararse erguidas y altas. Otras personas también recibieron sanidad aquella noche.

Dios usa a Canah para hacer grandes cosas, y también puedo usarlo a usted, a pesar de las mentiras que Satanás le haya dicho durante todos estos años.

¿Quiere ver esa clase de milagros? Si pertenece a Cristo, ya ha sido investido del poder que necesita para verlos suceder.

¿Quiere orar y ver a los enfermos ser sanados? Puede hacerlo. Cristo está en usted. El Espíritu Santo está en usted. No necesita alguna revelación mayor o alguna experiencia nueva para que esto fructifique. Solo necesita comenzar a vivir la realidad de quién es en Cristo.

En las páginas siguientes, nos adentraremos en algunas historias que revelan la batalla eterna que cada uno de nosotros ha estado librando contra el ladrón de identidad—a veces sin siquiera saberlo—y qué podemos aprender sobre protegernos de su engaño y artimañas. En la medida en que comparta mi propia historia y las de otros que me han concedido el permiso de compartirlas, le enseñaré cómo mantener su identidad como embajador de Cristo y vivir la aventura valerosa que Dios siempre ha destinado para usted.

¿Está preparado para vivir cosas mayores?

2

NO ESCUCHE AL MENTIROSO

"Desde el principio éste [Satanás] ha sido un asesino, y no se mantiene en la verdad, porque no hay verdad en él. Cuando miente, expresa su propia naturaleza, porque es un mentiroso. ¡Es el padre de la mentira!".

Juan 8:44

Mis padres habían estado sirviendo como misioneros en Japón por un período un poco mayor a un año cuando mi madre quedó embarazada de mí.

Aproximadamente, una semana después de que supo que estaba embarazada, se encontraba lavando ropa en el cuarto trasero de su casa cuando Satanás se le apareció en una esquina. Le dijo que era Satanás, y ella le creyó porque había aparecido de la nada. Tenía la apariencia de un hombre normal, pero mi madre dice que podía sentir la maldad y el temor que emanaban de él.

Como podrá imaginar, quedó paralizada a causa del miedo. Me describió aquel momento años más tarde, diciendo que "una catarata de temor" sobrevino sobre ella.

"Te mataré a ti y al fruto de tu vientre"

Satanás la miró y gruñó: "No puedo permitir que este bebé nazca". Si se rehusaba a interrumpir su embarazo, le dijo: "Te mataré a ti y a tú bebé durante el parto".

Luchando por poder emitir sus palabras, mi madre logró responderle: "Claramente, el Señor tiene un plan para la vida de este bebé, el cual quieres detener, pero no pondré mis manos en los planes de Dios, aún si implicara perder mi propia vida".

Pensó que Satanás la mataría en el acto; pero, en cambio, simplemente desapareció de su vista. No hubo un destello de luz, ni olor a azufre. Estuvo allí, y luego se marchó.

Mi madre no le contó a mi padre de inmediato lo que acababa de acontecer, porque no quería que se molestara. No obstante, no tuvo que hacerlo. Algunos días después de la aparición a mi madre, el enemigo se le apareció a mi padre y le hizo la misma amenaza: si mi padre permitía mi nacimiento, mi madre y yo moriríamos durante el parto. Mi papá le respondió de manera similar a la de mi madre y, nuevamente, Satanás desapareció de inmediato.

El diablo no volvió a mostrarse a mi padre, pero mi madre dice que la visitó una vez por mes por el resto del embarazo, haciendo la misma amenaza una y otra vez. Cada vez, le respondía de la misma manera: no pondría sus manos en lo que Dios había planeado.

Entonces, cerca del final de su embarazo, mi madre tuvo la visitación de un ángel quien le dijo que a causa de que había permanecido firme a pesar de las amenazas de Satanás, yo nacería el domingo de Pascua por la mañana: 10 de abril de 1966. Las posibilidades de que eso ocurriera no eran grandes, ya que el obstetra de mi madre esperaba que naciera el 20 de marzo. No obstante, el ángel insistió en que vendría a este mundo el domingo de Pascua. Esa sería la señal de la protección de Dios sobre mí y de su mano sobre mi vida.

El ángel, sin embargo, no pronunció palabra alguna sobre mi madre. Su sobrevivencia resultaba incierta, pero ella no iba a retroceder.

Sucedió que la predicción del ángel era correcta. Nací según lo planeado, es decir, de acuerdo con los planes de Dios, no del hombre. Cuando mi madre comenzó con el trabajo de parto aquella mañana de Pascua, dice que sentía como si fuera a morir. Sin embargo, no sucedió. Ambos sobrevivimos.

Mi padre se paseaba por la sala de espera—al igual que lo hacía la mayoría de los padres expectantes en aquellos días— esperando que el obstetra le anunciara si habían tenido un niño o una niña y si todo había salido bien durante el parto. Cuando vio al doctor acercarse, temió lo peor. El doctor tenía una apariencia desalineada y bolsas oscuras debajo de sus ojos. Lucía como si hubiese atravesado un calvario, y la fe de mi padre comenzó a flaquear.

"Felicitaciones, reverendo Dawkins", dijo el doctor sin el mínimo rastro de entusiasmo. "Tiene un niño saludable. Tanto su hijo como su esposa se encuentran bien".

El doctor quedó parado allí por un momento, y mi padre tuvo la sensación de que no había dicho todo lo que tenía que decir.

"¿Y ?", preguntó mi padre.

"Solo sentí que estábamos en una zona de guerra", el doctor finalmente manifestó. "Tanto el bebé como la mamá están bien, pero no fue sin haber luchado".

Cuando mi padre le dio un apretón, el doctor no podía explicar lo que quería decir. Nada terrible había ocurrido. No existía una razón física del porqué el parto debía haber sido tan difícil, pero dijo que en cada momento sentía como una lucha por nadar contra la corriente.

Usted no es quien él dice que es

Satanás es uno de los seres más persistentes creados por Dios. Nunca se rinde. Fue completamente derrotado cuando Jesús salió del sepulcro, pero parecería no darse cuenta. Él y sus seguidores parecerían que nunca se cansaran de susurrar al oído de los seguidores de Cristo, haciendo todo lo que está dentro de su poder para desmoralizarnos y derrotarnos. Constantemente, tratan de introducir incredulidad en nuestras vidas y menoscabar la Palabra de Dios.

Quisiera que me crea cuando le digo que usted no es la persona que Satanás dice que es. No tiene que escuchar esa voz en su cabeza que lo condena ni esos sentimientos negativos en sus emociones. No les dé lugar. Constituyen sus mentiras. Se complace al hacerlo dudar de usted mismo y del Dios que lo creó.

A Satanás le encanta colocarnos etiquetas que no se corresponden en absoluto con quiénes en verdad somos. Por ejemplo, le agrada llamarnos:

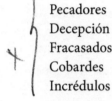

Pecadores
Decepción
Fracasados
Cobardes
Incrédulos

La mayoría de nosotros hemos tenido todas estas etiquetas en un punto u otro; no obstante, no nos definen. No son quienes somos. Cuando recibimos a Jesucristo como nuestro Señor y Salvador, Dios en cambio nos ve de la siguiente manera:

Justificados
Triunfadores
Vencedores
Fuertes
Fieles

Si Satanás le dice que es pecador, recuerde que *todos* fuimos pecadores, "pues todos han pecado y están privados de la gloria de Dios" (Romanos 3:23). El apóstol Pablo, quien escribió más de la mitad de los libros del Nuevo Testamento y difundió el cristianismo a lo largo del mundo durante el primer siglo, fue un hombre quien una vez persiguió y mató los creyentes. El apóstol Pedro verbalmente negó a Cristo tres veces. El rey David cometió adulterio con la mujer de otro hombre, y luego la mandó a matar para encubrir su pecado. ¡Todos fueron pecadores! Sin embargo, Dios hizo grandes cosas a través de cada uno de estos, y planea hacer grandes cosas a través de usted también. Todo lo que tiene que hacer es creerle a Él, abrazar la identidad que le fue dada en la cruz y vivir esa vida nueva que Él diseñó para que tuviese.

Muchos se han referido al reino de Dios como el reino del revés. Todo parece funcionar en el sentido opuesto al sistema de este mundo. Recuerde, este constituye un reino donde el amor es un arma de destrucción masiva contra el reino de las tinieblas. Al igual que la humildad, la adoración, la paz y la bendición hacia nuestros enemigos. Si Satanás le dice que es débil, entonces alabe a Dios por ello, porque su Palabra dice: "Mi poder se perfecciona en la debilidad" (2 Corintios 12:9).

Si Satanás le dice que va a destruirlo, recuerde que Dios pelea por usted. Es precisamente como Pablo dijo:

> Si Dios está de nuestra parte, ¿quién puede estar en contra nuestra? El que no escatimó ni a su propio Hijo, sino que lo entregó por todos nosotros, ¿cómo no habrá de darnos generosamente, junto con él, todas las cosas? ¿Quién acusará a los que Dios ha escogido? Dios es el que justifica. ¿Quién condenará? Cristo Jesús es el que murió, e incluso resucitó, y está a la derecha de Dios e intercede por nosotros.
>
> Romanos 8:31–34

Fue creado para reinar

Me encanta la manera en la cual la versión de la Biblia Nueva Traducción Viviente describe las palabras de Dios sobre nosotros durante el acto de la creación:

Entonces Dios dijo: "Hagamos a los seres humanos a nuestra imagen, para que sean como nosotros. Ellos reinarán".

Génesis 1:26

Fue creado para reinar. ¿Lo sabía?

Por lo tanto, cuando Satanás intenta llenar su cabeza con pensamientos contrarios a la Palabra de Dios, recuerde esto, ¡y recuérdeselo a él también! Satanás puede citar la Escritura, pero la utiliza para su propio beneficio. Asimismo, detesta cuando le responde de la misma manera. Esto se debe a que Satanás siempre tergiversa la Palabra de Dios.

Satanás ha estado distorsionando la Palabra de Dios por miles de años. La primera vez se encuentra en el tercer capítulo de Génesis, en donde se les aparece a Adán y a Eva en el huerto de Edén. Dios les había dicho al primer hombre y a la primera mujer que podían comer del fruto de cualquier árbol del huerto, excepto del árbol de la ciencia del bien y del mal.

No obstante, cuando Satanás apareció, le preguntó a la mujer: "¿Es verdad que Dios les dijo que no comieran de ningún árbol del jardín?" (Génesis 3:1). Puedo imaginármelo enfatizando la palabra *verdad* y poniendo sus ojos en blanco de manera sarcástica.

Cuando Eva le responde al decirle lo que Dios les había mandado, el enemigo le contestó con mayor sarcasmo. "¡No es cierto, no van a morir!", le dijo, refutando la Palabra de Dios. "Dios sabe muy bien que, cuando coman de ese árbol, se les abrirán los ojos y llegarán a ser como Dios, conocedores del bien y del mal". (Vea los versículos 4–5).

Allí tiene, la primera mentira de la historia.

Y Adán y Eva la creyeron. Ya eran semejantes a Dios, de acuerdo con Génesis 1:26. Así que Satanás realmente no les prometía nada.

A pesar de ello, ambos comieron del fruto prohibido, y sus ojos fueron abiertos.

¿Qué sucedió después? ¿Fueron abiertos sus ojos e investidos de *poder*? No. ¿Fueron abiertos sus ojos y recibieron *lucidez*? En absoluto.

Cuando se les abrieron los ojos, la *vergüenza* los envolvió rápidamente. Por primera vez, entendieron que estaban desnudos. Entonces, se avergonzaron y trataron de ocultarse de Dios. (Vea Génesis 3:7–10). Nuestra desobediencia nos conduce a ocultar nuestra condición.

En cierta medida, enfrento este pensamiento basado en la vergüenza cada vez que tengo que llevar mi auto para mantenimiento. Siento que debería saber todo sobre mecánica. Odio admitir que ignoro ciertas cosas, incluyendo sobre autos, y no siempre comprendo en su totalidad aquello que el mecánico me dice. Mi temor es que la persona que me ayuda vea mi debilidad o la falta de experiencia y se aproveche de mi situación. Algunos dirán: "Eso es cosa de hombres", pero creo que va mucho allá que eso. Estoy convencido de que guarda relación con la pérdida de confianza en la identidad que Cristo nos da.

Desde el momento en que Adán y Eva mordieron ese fruto, el pecado entró al mundo. La raza humana ha sido plagada de enfermedad, dolor y muerte desde entonces. El pecado es la raíz de cada delito cometido. Todas las enfermedades mortales, como cáncer y las enfermedades cardíacas; todas las atrocidades que cometieron los tiranos como Adolfo Hitler y los terroristas como los grupos extremistas islámicos; todos los episodios de temor, ira, celos y codicia entraron en este mundo desde el momento en que comieron del fruto.

Adán y Eva tenían dominio sobre todas las cosas "que se arrastran por el suelo" (Génesis 1:26). Debieron haber tenido dominio sobre serpiente—después de todo, las serpientes se mueven por el suelo—pero, en cambio, permitieron que *esta los* gobierne. En un instante, pasaron de ser gobernadores a esclavos. Cuando dieron lugar a la incredulidad que lanzó sobre ellos y actuaron en consecuencia, ocurrió una transferencia poderosa. Tomaron el lugar de Satanás, quien debía ser gobernado y le cedieron el dominio para gobernar sobre toda la tierra.

Satanás ha estado ejerciendo ese poder para destruir a la humanidad y a la tierra desde entonces. Se convirtió en gobernante, y todos nosotros nos volvimos sus súbditos.

La incredulidad de la humanidad potenció a Satanás. Nuestra incredulidad es la que lo mantiene hoy en el poder. Cuando escuchamos sus mentiras y actuamos conforme a su palabra en vez de a la Palabra de Dios, mantenemos su gobierno sobre nosotros y sobre toda la tierra.

Piense en cómo era la vida para Adán y Eva antes de que aceptaran la identidad falsa del pecado. Caminaban y hablaban con Dios cada día, gozando de plena comunión con Él. Aprendían de Él y disfrutaban de las bendiciones que venían simplemente por estar en su presencia.

Sin embargo, el haber comido del fruto prohibido destruyó su relación íntima con Dios. Se avergonzaron y se escondieron de Él, cuando les llamó: "¿Dónde estás?" (Génesis 3:9). Por supuesto, Dios sabía dónde estaban. También sabía que se estaban ocultando de Él—algo que nunca habían hecho antes—en vez de correr a Él con sus brazos abiertos. Se habían apartado de Dios a causa de la vergüenza y del temor, y el temor aún nos mantiene alejados de Él. ¡Cuán diferente habría sido todo si en verdad supiéramos cuánto nos ama y desea bendecirnos!

Dios le dio una nueva identidad

Dios tuvo compasión del primer hombre y de la primera mujer. No quiso que vivieran avergonzados, por tanto, este Dios hermoso, creativo, amoroso y benevolente alcanzó el punto de tomar una vida para hacerlos sentir bien. Sacrificó a un animal e hizo ropa de pieles para que cubriera la vergüenza, la cual nunca quiso que Adán y Eva experimentaran.

Desconocemos qué clase de animal Dios tomó para hacer aquellas túnicas, pero solo suponga por un momento que fue un cordero. Ahora, ¿ha notado alguna vez que es difícil reconocer a un animal sin su piel? Recientemente, estuve en un campamento de jóvenes en Nueva Zelanda, en donde concurrieron alrededor de cinco mil adolescentes, en su mayoría bautistas. Rostizaban varios corderos cada noche al finalizar los servicios.

La primera noche, le pregunté a alguien qué clase de carne se estaba rostizando en el asador.

"¿No te das cuenta?", me preguntó. "Es cordero".

Respondí: "Si no tiene su piel, entonces su identidad parece perdida".

Con eso en mente, imagine caminar en el huerto con Dios, después de la caída. Echa un vistazo y ve un cadáver de animal sin piel secándose al sol y comenzando a descomponerse. Le pregunta a Dios: "¿Qué es eso?".

"Adán y Eva", responde.

Al otro lado del huerto, ve a una pareja intentando cubrir su desnudez con la piel de un animal, y usted pregunta: "Entonces, ¿Qué es eso?".

El Padre responde con una sonrisa: "Oh, es mi Cordero".

Esto puede considerarse un paralelismo con el mundo actual. Cuando Dios nos ve, no mira nuestra condición quebrantada, rechazada e inservible, sino que nos ve como fuimos destinados a ser. Ve aquello que el Cordero sacrificó para restaurarnos. Renunciamos a nuestra identidad, a fin de que el Cordero, Jesús, pueda restituir aquello que estaba perdido. Murió para darnos su identidad. Nos vistió con su poder y nos cubrió con su sangre preciosa. Nos fue dado su ADN para restaurar el nuestro.

Antes de lo que Cristo hizo por nosotros como el segundo Adán, existía la necesidad de sacrificar a un animal.

Los animales tenían que sacrificar su identidad—su ADN, si lo prefiere—para cubrir el nuestro. Incluso el velo en el lugar santísimo fue hecho con piel de animales, ya que Éxodo 26:31 indica que la lana fue incorporada en su confección. Los animales eran sacrificados para bloquear la vista de nuestro pecado—nuestra identidad robada a causa del engaño de Satanás—. Dios anhelaba estar en medio de su pueblo del mismo modo en que había estado presente en el huerto de Edén y, para que esto fuera posible, tenía que haber sacrificio. No le importaba la sangre derramada ni la matanza. Nos quería a *nosotros*.

En el huerto de Edén, vemos el cuadro perfecto de cómo eran las cosas cuando Dios pasaba tiempo con los humanos de una manera muy cercana e íntima. Era el lugar perfecto. Dios, en su benignidad, compartió su autoridad, provisión e identidad con el hombre y la mujer. Disfrutaban de la hermosura que el Padre les daba y de la abundancia de alimentos que proveía para ellos. Creó sus cuerpos que fueron hechos para procrear y hacerlo con gran placer. Todas las criaturas vivían juntas en maravillosa paz y armonía. Este es un cuadro maravilloso del carácter de Dios.

La Escritura no nos presenta una imagen de Dios como un controlador quien invertía todo su tiempo en asegurarse de que Adán y Eva siguieran las reglas o como alguien que les daba lecciones o instrucciones de cómo manejar su creación. En cambio, recorría el huerto cuando el día comenzaba a refrescar (vea Génesis 3:8)—posiblemente temprano por la mañana o por la tarde—y simplemente pasaba tiempo con ellos. Imagino que es como cuando el padre y los hijos disfrutan de su compañía al llegar el padre a su hogar después de un largo día de trabajo o después de haber estado fuera de la ciudad por algunos días. Imagino a Adán y a Eva corriendo hacia Dios como niños, saltando alegremente a su alrededor. Quizás abrazarían su pierna o incluso pondrían sus pies sobre los de Él y danzarían juntos. Independientemente de lo que haya pasado, podemos estar seguros de que estas visitas eran emocionantes y llenas de gozo.

Asimismo, creo que estos fueron tiempos en los que Adán y Eva recibieron un gran sentido de autoridad y permiso para explorar la altura y la profundidad del poder que les fue conferido por el Padre. No era la visión quebrantada y distorsionada del poder apropiado indebidamente que tenemos hoy, sino más bien una que decía: "Miren, chicos, pueden caminar sobre las aguas. Vayan. ¡Prueben!".

Puede combatir las mentiras

Una de las maneras de combatir las mentiras del enemigo consiste en declarar palabras positivas de poder, de amor y de vida: decir la verdad acerca de nosotros, como Dios nos ve, y hablar sobre otros, como Dios los ve.

Hace un par de años, cuando me encontraba predicando en una conferencia en el Medio Oeste, una mujer se me acercó y me dijo que su hijo adulto se había convertido en un drogadicto. "Mi hijo se encuentra en un estado de tal confusión", me dijo. "Está viviendo una vida horrible. Tiene un hijo, pero no es un buen padre. No puede mantener un empleo y tiene una terrible ética laboral".

Como si la situación no fuera lo suficientemente grave, continuó diciéndome que lo descubrió robándole y que se ha visto obligada a echarlo de su casa.

Sabía que amaba a su hijo, y no la culpo en absoluto por haber sido dura con él. Creo que hizo lo correcto. También entendí por qué quería contarme todas las cosas malas que su hijo había cometido, a pesar de que la lista continuara.

Finalmente, cuando obtuve un mejor entendimiento de toda la situación, le pregunté: "¿Qué es lo que quiere para su hijo?".

La pregunta pareció sobresaltarla por un instante.

"Bueno", dijo, "Quiero que viva para Dios. Quiero que sea un buen padre y un buen trabajador".

Asentí. "Está bien. ¿Por qué no hacemos lo siguiente? Cada vez que lo vea, dígale: '¿Cómo te encuentras, hombre de Dios?'".

Frunció el ceño. "Pero él no es".

"Lo sé, pero ¿es lo que usted quiere que sea?".

"Por supuesto, pero…".

"Entonces, cuando lo vea, dígale: '¿Cómo estás, hombre de Dios?'. Y cuando lo vea con su hijo, dígale: 'Oye, eres un buen padre'".

Ella me miraba como si hubiera perdido la cordura. "Pero es un padre terrible".

"Sí, lo comprendo", dije. "Pero cuando sea posible, quisiera que le haga saber que está haciendo un buen trabajo. Con cada pequeña mejora, solo diga: 'Mira eso. Ves que eres un padre grandioso'. También declare quién debe ser en lugar de lo que hace".

Los ojos de aquella mujer se entrecerraron mientras pensaba en lo que le estaba diciendo.

Luego, continué. "No estoy sugiriendo que le mienta. Debemos establecer límites y esperar una conducta apropiada. Pero también necesitamos ser como Abraham, quien llamaba a las cosas que no eran como si fuesen".

"Su hijo está viviendo bajo una identidad falsa y necesita que alguien le recuerde su verdadera identidad. Como su madre, tiene una gran influencia y autoridad sobre su vida y puede declarar sobre él quién es en verdad".

No estaba convencida. "Bueno, no sé si funcionará", me dijo.

Pero acordamos en que lo intentaría.

Transcurrió un año antes de que regresara al mismo lugar y la volviera a encontrar. Tenía una sonrisa amplia en su rostro cuando me saludó.

"¿Adivine qué?", me dijo. "Mi hijo está manteniendo su

empleo. Se está convirtiendo en un buen padre. Aún no ha aceptado a Cristo, pero espero que suceda pronto".

Me alegré mucho, por supuesto. "¡Maravilloso!", dije. "Cuénteme qué sucedió".

"Bueno, comencé a poner en práctica sus consejos", me dijo. "Empecé a preguntarle qué le estaba diciendo Dios—aquello que Dios le estaba revelando en sus sueños. Y siempre le decía que era un gran padre y un buen trabajador—y comenzó a convertirse en todas estas cosas".

Continuó diciendo: "Fue un proceso largo. Al principio, me miraba como si estuviera demente; pero luego comenzó a transformarse en aquello que le decía".

Transcurrió otro año antes de que regresara al área para otra conferencia. En ese entonces, mi nueva amiga me contó que su hijo todavía enfrentaba algunas luchas en su vida, pero que aún mantenía su empleo, era un buen padre con su hijo y estaba en general mucho mejor que la primera vez que me vino a hablar.

"Solo continúa haciendo aquello que vienes haciendo", le dije.

Debe conocer su identidad

Ahora, permítame preguntarle: ¿Sabe quién es usted?

No me refiero a aquello que ha hecho, porque no constituye quién es usted. Tampoco estoy hablando sobre sus circunstancias ni lo que las personas dicen acerca de usted. Ni siquiera estoy hablando de las cicatrices que le han sido infligidas o los traumas por los que ha atravesado. Estas situaciones pueden no tener que ver con su identidad real.

La realidad es que todos alguna vez hemos caído o cometido un error. Todos hemos sido malinterpretados o maltratados. Todos alguna vez no hemos alcanzado nuestras expectativas.

Por el contrario, aquí le menciono algunas de las cosas que Dios dice sobre usted:

- "Por lo tanto, ya no hay condenación para los que pertenecen a Cristo Jesús" (Romanos 8:1, NTV).
- "Pero Dios, que nos ha amado, nos hace salir victoriosos de todas estas pruebas" (Romanos 8:37, BLP).
- "Incluso antes de haber hecho el mundo, Dios nos amó y nos eligió en Cristo para que seamos santos e intachables a sus ojos. Dios decidió de antemano adoptarnos como miembros de su familia al acercarnos a sí mismo por medio de Jesucristo. Eso es precisamente lo que él quería hacer, y le dio gran gusto hacerlo. De manera que alabamos a Dios por la abundante gracia que derramó sobre nosotros, los que pertenecemos a su Hijo amado. Dios es tan rico en gracia y bondad que compró nuestra libertad con la sangre de su Hijo y perdonó nuestros pecados. Él desbordó su bondad sobre nosotros junto con toda la sabiduría y el entendimiento" (Efesios 1:4–8, NTV).
- "Él nos libró del dominio de la oscuridad y nos trasladó al reino de su amado Hijo, en quien tenemos redención, el perdón de pecados" (Colosenses 1:13–14).
- "Esto significa que todo el que pertenece a Cristo se ha convertido en una persona nueva. La vida antigua ha pasado; ¡una nueva vida ha comenzado!" (2 Corintios 5:17, NTV).
- "Pues todos ustedes son hijos de la luz y del día; no pertenecemos a la oscuridad y a la noche" (1 Tesalonicenses 5:5, NTV).
- "¡Fíjense qué gran amor nos ha dado el Padre, que se nos llame hijos de Dios! ¡Y lo somos! El mundo no nos conoce, precisamente porque no lo conoció a él" (1 Juan 3:1).

Cada uno de esos pasajes comunica aquello que Cristo vino a darnos. Nos revelan aquello que fue restaurado por medio de su muerte. A través de Cristo, recibimos lo que fue destinado para nosotros con el árbol de la vida.

Creo que el árbol de la ciencia del bien y del mal representa la ley o el pensamiento legalista. Luego de la caída en el huerto, comenzamos a caminar hacia un modo de vida basado en las obras. Tratamos de abrir nuestro propio camino hacia la integridad, haciendo nuestra voluntad. Y es allí en donde el ladrón de identidad nos quiere mantener, luchando—y fracasando—para vivir conforme a nuestra propia justicia.

Sin embargo, el árbol de la vida representa a Cristo y su gracia. Cristo terminó la obra por nosotros, la cual nunca hubiésemos podido consumar por nuestros propios medios. No podíamos ganarla, ni éramos merecedores. De haberlo sido, la obra de Cristo habría sido una recompensa, en vez de un regalo.

No, no la ganamos ni la merecemos. Solo la debemos recibir, aceptar y vivir en la luz de lo que nos ha sido dado. Esta es la verdad que remplaza toda mentira.

3

DIOS USA A GUERREROS HERIDOS

Pero él me dijo: «Te basta con mi gracia, pues mi poder se
perfecciona en la debilidad». Por lo tanto, gustosamente haré
más bien alarde de mis debilidades, para que permanezca sobre
mí el poder de Cristo.

2 Corintios 12:9

Permítame contarle acerca de uno de mis héroes.[1] Su nombre
es Manny, y es uno de los guerreros espirituales más valientes
y más eficientes que he conocido. Manny se congrega en una
iglesia conducida por un pastor poderoso llamado Celso
"Popín" Pérez. Fueron Popín y su esposa, Anabel, quienes disci-
pularon a Manny cuando entró en su iglesia hace varios años.

Calculo que Manny tendría alrededor de veinte años cuando
lo conocí. Nació en extrema pobreza en el pueblo de Jarabacoa
en República Dominicana, el cual se ubica en un valle monta-
ñoso y constituye la ciudad más grande de la provincia de La
Vega. Tiene un paisaje hermoso, pero por debajo de esa belleza
existe una gran pobreza y oscuridad espiritual.

El hecho de que Manny fuera pobre no constituía su mayor
problema. Satanás se había apoderado de su familia y usaba a
su madre y a sus hermanos para tratar de matarlo. El deseo de
Satanás por vernos muertos es algo que Manny y yo tenemos
en común, aunque en el caso de Manny, Satanás estuvo mucho
más cerca de lograrlo. Manny me contó que cuando era tan

solo un niño pequeño, su madre lo levantaba de ambas piernas y golpeaba su cuerpo contra la pared. De algún modo, logró sobrevivir. Y esa era solo una de muchas golpizas despiadadas que ha tenido que padecer en las manos de su madre. En otra ocasión, uno de sus hermanos lo persiguió con un cuchillo, amenazándolo con matarle. Hubo otros atentados contra su vida, pero de algún modo Manny siempre sobrevivía.

Cuando Satanás fracasó en sus intentos por usar a la propia familia de Manny para matarlo, trató con polio. Eso, tampoco prosperó, pero Manny aún camina con una cojera visible y ha luchado mental y emocionalmente a causa de la enfermedad. Creció sin saber cómo se sentiría que lo amaran y lo cuidaran. Fue abusado o rechazado, haciéndole sentir como un niño sin valor.

No es de extrañar que Manny acabara metiéndose en las drogas para adormecer su dolor físico y emocional. Lamentablemente, este resulta ser un problema común para los niños que crecen en comunidades similares.

Manny prácticamente no tenía educación. Escasas pertenencias. Nada de dinero. Vivía en el cuarto trasero de un negocio, un cuarto que era apenas lo suficientemente grande para que pudiera dormir. Se encontraba perdido y solo, sintiendo que su vida no tenía un propósito.

Pero no podía estar más equivocado. Dios tenía un propósito para él y estaba pronto a revelárselo.

Por la gracia de Dios, cierto día Manny se topó con la iglesia de Popín y Anabel. Antes de que terminara el servicio, un fuego se encendió en su alma que solo quema con mayor intensidad a medida que pasan los años. En aquel día, descubrió su verdadera identidad espiritual. Aprendió que fue puesto en esta tierra para servir a Dios y ser un canal de su gracia, misericordia y poder. A pesar de que su familia biológica no viera nada en él, descubrió que Dios lo consideraba de tremenda importancia para su reino.

Hoy, Manny es una persona cuyo rostro brilla de gozo. Cuando ora, cosas suceden. Dios permitió que Manny se vuelva tan conocido que algunas celebridades de Latinoamérica viajan a Jarabacoa solo para verle, pasar tiempo con él y pedirle que ore por ellos. Cada vez que tengo que viajar a República Dominicana, lo cual ha ocurrido con bastante frecuencia, lo primero que pregunto es: "¿Dónde está Manny?".

El diablo usa sus artimañas

Ahora, Manny no es el único en esa iglesia cuya vida resulta ser un blanco. Incluso el pastor, Popín, ha tenido una participación equitativa de atentados contra su vida.

Permítame brindarle mayor información.

Le di a Popín una palabra profética sobre que su iglesia iba a ser la más grande del municipio y que él lideraría a las iglesias en aquella área. Muchos pastores se enfurecieron cuando escucharon esta palabra porque se sintieron celosos de Popín. Era una persona humilde, amable, muy relajada y de estilo y vestimenta informal. En la cultura religiosa latina, en donde a los pastores se los trata con gran respeto y siempre se los nombra por su apellido juntamente con su título, como por ejemplo pastor García o pastor Hernández, los miembros de su congregación simplemente lo llamaban Popín.

Cuando le di a Popín la palabra profética, proseguí diciendo: "¡No morirás!, ¡no morirás!, ¡no morirás!".

Todos quedaron perplejos. Popín era la figura de la salud, para mí y para todos los demás. No teníamos idea de que poco tiempo antes de que Dios librara esas palabras a través de mi boca, se había diagnosticado a Popín con cáncer terminal. Los doctores le habían dicho que tenía que recibir un trasplante de médula ósea a fin de sobrevivir, y algunos de los pastores en su pueblo comenzaron a declarar que moriría. En cambio, recibió el trasplante que necesitaba y se recuperó paulatinamente.

No mucho tiempo después de ese episodio, una niña, cuya madre era una de las líderes de la iglesia, se cayó de un balcón en un segundo piso durante uno de los servicios de la iglesia. Murió de inmediato. Popín corrió hacia la niña y comenzó a tratar de revivirla, pero no respondía. La tomó en sus brazos, la subió en su camioneta y la llevó al hospital; no obstante, fue demasiado tarde.

Quienes habían estado en contra de Popín desde el comienzo, dijeron: "Esto finalmente destruirá la iglesia". Estuvieron casi en lo cierto. Toda la congregación estaba de luto. El ladrón de identidad trataba de destruir a Popín y a su iglesia, al intentar quitarle su identidad como los representantes poderosos de Dios en amor, fe y sanidad en el municipio de Jarabacoa.

Sin embargo, el ladrón no lo ha logrado.

Dios redime al herido

En la actualidad, Popín y Anabel pastorean una iglesia llena de miembros, a quienes una vez se los habría considerado como la escoria de la sociedad. Algunas de las personas más pobres y más complicadas provenientes de una zona de iguales características son bienvenidas a la iglesia con brazos abiertos. Varones adolescentes y veinteañeros energéticos llenan la iglesia. Muchos de ellos crecieron en las calles o participaron en pandillas. Es realmente asombroso ver tantos jovencitos adorando juntos en Latinoamérica.

Y cuando estos jovencitos duros y fuertes adoran, dejan fluir su amor y adoración hacia Dios, sin reservas. Al observarlos, no puedo evitar pensar en estas palabras del apóstol Pablo a la iglesia de Corinto:

¿No saben que los malvados no heredarán el reino de Dios? ¡No se dejen engañar! Ni los fornicarios, ni los idólatras, ni los adúlteros, ni los sodomitas, ni los pervertidos sexuales, ni los ladrones, ni los avaros, ni los borrachos, ni los calumniadores, ni los estafadores heredarán el reino de Dios. Y eso eran algunos de ustedes. Pero ya han sido lavados, ya han sido santificados, ya han sido justificados en el nombre del Señor Jesucristo y por el Espíritu de nuestro Dios.

1 Corintios 6:9–11

Pablo decía que ya no importaba aquello que la iglesia de Corinto había hecho o dondequiera que hubiese estado; y esto es también verdad para todos aquellos que han conocido a Cristo y adoran en la iglesia de Popín y Anabel. Son personas quienes han descubierto y están viviendo su identidad verdadera.

En aquella visita, le dije a Popín: "Sabes, estás sentado encima de un barril de pólvora que está a punto de estallar. Tienes a todos estos jóvenes a quienes el ladrón de identidad les ha dicho toda su vida que no están a la altura, que son basura, manteniéndolos en una prisión de baja autoestima, diciéndoles por medio de voces de autoridad e incluso voces en sus mentes que no pueden, que nunca van a lograr nada; pero tú les dices todo lo contrario. ¡Popín, esto es poderoso!".

El resto de la comunidad había desechado a estos jovencitos, pero Popín les dijo: "Dios está con ustedes. Dios es por ustedes. Pueden lograrlo. Harán grandes cosas".

Ellos le creyeron, y están viviendo en consecuencia. Como resultado, toda la comunidad fue ganada para Cristo. A causa de personas fieles y valientes como Manny, el impacto de lo que está sucediendo en Jarabacoa se ha extendido a través de toda República Dominicana; y creo que pronto se sentirá en toda Latinoamérica. Satanás casi logra extinguir la luz de esta congregación dinámica, mas Dios prevaleció, como siempre lo hace cuando confiamos en Él.

Dios lo convertirá en un tesoro

Mis amigos Popín y Manny constituyen ejemplos excelentes de lo que sucede cuando nos rehusamos a escuchar las mentiras del diablo. Muchas personas miraron a Manny y vieron a un joven discapacitado quien fue despreciado por una familia que trataba de matarlo. Pero Dios lo miró y vio a un joven león quien se levantaría y clamaría a Dios por un mover de su Espíritu, cuyo clamor nos dejaría a todos sin aliento y sin palabras. Manny clamaba como un profeta de la antigüedad.

Puedo testificar sobre esto a raíz de la experiencia que presencié en una conferencia organizada por la iglesia de Popín recientemente. Mi querida amiga Nicole Voelkel dijo lo siguiente sobre aquello que personalmente observó en Manny durante esa conferencia:

> Es el hombre más ferviente que creo haber conocido. Durante todo el servicio, cuando no estaba arrodillado, estaba saltando de lado a lado con su pierna lisiada por toda la iglesia, clamando con toda su fuerza: "¡Jesús! ¡Jesús! ¡Haz descender la lluvia de tu presencia sobre nosotros! ¡Haz descender la lluvia de tu presencia sobre nosotros! ¡Manda tu lluvia! ¡Manda tu lluvia! ¡Jesús, Hijo de Dios, ten misericordia de nosotros! ¡Haz llover!".

No imaginábamos que literalmente llovería aquella noche mientras estábamos reunidos—durante una época del año en la que nunca llueve—al punto tal que me detuve en medio de mi enseñanza y dije: "Esto no es lluvia natural. Es una lluvia profética, y sabrán que el Espíritu Santo se derramará en este lugar cuando la lluvia se detenga". Efectivamente, en ese instante se detuvo.

Esa no fue la única ocasión en la cual Manny demostró ser un profeta. Más temprano, esa misma tarde. Nicole dice que Manny pasó toda la tarde en la capilla, orando y clamando "¡El fuego de Dios caerá esta noche!". No tenía forma de saber que ese mismo día, le había dicho a un grupo de personas: "Oigan, ¿sabían que el fuego de Dios caerá esta noche?". Y luego, como ya he mencionado, el Espíritu Santo vino sobre nosotros por medio de una lluvia inesperada. Muchas personas también fueron sanadas y ungidas durante aquella noche de ministración.

Muchos de los líderes y quienes asistieron a las conferencias habían mirado a Manny el día que proclamaba "El fuego de Dios caerá esta noche" y decían: "Oh, mira al loco de Manny". Pero fue un profeta verdadero en aquel evento.

Antes de partir para regresar a los Estados Unidos, me quité un collar que estaba usando y lo puse alrededor del cuello de Manny.

Me transmitió: "Me han llamado loco y tonto", dijo, "¡pero ahora me llamarán profeta!".

Lloré cuando oí aquellas palabras.

Manny es solo un ejemplo de cómo Satanás puede tomar una vida, hacerle creer que no vale nada y tratar de destruirla. Pero Dios toma lo que no es y lo convierte en un tesoro. Hizo de la vida de Manny un trofeo para la casa de Dios, y hará lo mismo con usted.

Satanás está lleno de mentiras y amenazas vacías, y usará todo lo que tenga a su alcance para tergiversar nuestro conocimiento de Dios. Sin embargo, Dios siempre prevalecerá. Le reveló a Manny y a otros miembros de la iglesia de Popín su verdadera identidad, la cual Satanás les había robado. Dios puede y hará lo mismo por todos nosotros, si solo se lo permitimos.

Dios usa a sanadores heridos

No quisiera que crea que tiene que ser irreprensible a fin de que Dios lo use. Dios puede usar a cualquiera quien esté dispuesto a hacer su voluntad. Lo he visto ocurrir reiteradas veces, así que sé que es verdad. También mi iglesia estaba llena de miembros quienes, antes de conocer a Cristo, habían participado de la violencia de pandillas. Habían sido droga-dictos. A algunos de ellos el estado les quitó a sus hijos por ser considerados padres incompetentes. También estuvieron invo-lucrados en toda forma de quebrantamiento sexual que pueda ser capaz de imaginar.

Sin embargo, cuando vinieron a Cristo, Él los limpió de toda injusticia. Incluso, he visto a Dios usarlos para sanar a los enfermos. Los he visto profetizar y librar palabras de sabiduría y conocimiento. Sanar oídos sordos, ayudar a caminar al cojo y transformar vecindarios enteros con el amor de Cristo.

Todos hemos sido destituidos de la gloria de Dios. Todos hemos sido heridos de alguna forma u otra. Pero Dios usa a sanadores heridos. Cuando pecamos, debemos reconocer que nos hemos apartado de nuestra verdadera identidad, y luego debemos arrepentirnos. Arrepentirse significa volverse del ca-mino equivocado en el que se andaba. En otras palabras, quiere decir regresar al lugar donde estaba y a ser quien está desti-nado a ser. Dios restaurará su identidad cada una de las veces. No tiene que rogar o suplicar por perdón. Solo tiene que reco-nocer que se desvió del camino y luego regresar a él.

Sé que a todos nos cuesta aceptar el hecho de que Dios pueda usarnos a pesar de nuestras heridas y nuestro pasado. ¿Sabe cómo lo sé? Porque cuando predico en alguna confe-rencia, por lo general pregunto cuántas personas sienten que no son dignas de ser usadas por Dios. Se levantan algunas manos por aquí. Algunas otras por allá. Pronto, casi todas las personas en el salón levantan sus manos. La realidad es que todos nos sentimos descalificados; pero el hecho de que Dios nos use cuando no somos calificados es una buena noticia. Jesús es quien nos califica.

La Biblia está llena de ejemplos de personas quienes no creían que eran dignas; no obstante, Dios las usó para hacer grandes cosas. Moisés le pidió al Señor que no lo enviara a hablar con Faraón porque le costaba "mucho trabajo hablar" (Éxodo 4:10). Todos conocemos la historia de Moisés.

Cuando Dios le pidió a Gedeón que librase a Israel de la mano de los madianitas, este respondió que era el más insignificante miembro del clan más débil de la tribu de Manasés. (Vea Jueces 6:15). Sin embargo, se convirtió en un general poderoso quien derrotó a los opresores madianitas con un ejército de solo trescientos soldados.

Cuando Dios se le apareció a Isaías, el profeta dijo: "¡Ay de mí, que estoy perdido! Soy un hombre de labios impuros y vivo en medio de un pueblo de labios blasfemos, ¡y no obstante mis ojos han visto al Rey, al Señor Todopoderoso!" (Isaías 6:5).

Y luego, por supuesto, se encuentra Pablo, quien se refiere a sí mismo como el primero de los pecadores (vea 1 Timoteo 1:15), y no sin una buena razón. Ya hemos mencionado que perseguía y mataba a los primeros creyentes de la fe antes de guardar la fe en Cristo.

Está en buena compañía si cree que es indigno para ser usado por el Señor de manera poderosa. Nuevamente, la clave reside en permanecer abierto y honesto con Dios, con usted mismo y con su prójimo con respecto a quién usted es en verdad.

Aún puede ser valiente

Ahora bien, no me malinterprete y piense que Dios se complace con una humildad falsa. De ninguna manera. Si la situación le demanda valentía, entonces, sea valiente.

Por ejemplo, note las palabras del apóstol Pablo sobre esta cuestión:

> No quiero dar la impresión de que trato de asustarlos con mis cartas, pues algunos dicen: «Sus cartas son duras y fuertes, pero él en persona no impresiona a nadie, y como orador es

un fracaso». Tales personas deben darse cuenta de que lo que somos por escrito estando ausentes, lo seremos con hechos estando presentes.

2 Corintios 10:9–11

Pablo no tenía una humildad falsa. Podía ser duro y asertivo cuando la ocasión lo ameritaba.

Las personas en mi propio movimiento, The Vineyard, me han llamado un oportunista, porque soy un hombre abierto sobre las sanidades y milagros que he presenciado a lo largo de mi ministerio y porque he desarrollado material de capacitación para uso de las personas. Por supuesto, me duele cuando escucho algo semejante. Reconozco la voz del ladrón de identidad en estas acusaciones.

No obstante, no voy a dejar de hacer lo que hago, porque mi motivación en compartir estas experiencias se centra siempre en revelar lo que el Señor ha hecho y nunca lo que yo, Robby Dawkins, ha hecho. Lo comparto porque Jesús nos dijo: "Hagan brillar su luz delante de todos, para que ellos puedan ver las buenas obras de ustedes y alaben al Padre que está en el cielo" (Mateo 5:16).

Otra razón por la cual las comparto es para edificar la fe en otros al contarles sobre las señales y maravillas que aún ocurren y mostrarles cómo pueden aprender a caminar en el poder que Dios siempre destinó para su pueblo. Una de las situaciones que disfruto más en la vida es ver qué sucede cuando otras personas aprenden a aferrarse a su verdadera identidad en este sentido.

Para citar un ejemplo, recientemente recibí una carta de una mujer llamada Christa, quien escribió lo siguiente: "Hace aproximadamente dos años, a mi hijo le diagnosticaron autismo a sus siete años. Vivíamos una pesadilla, pero no cesábamos de buscar a Dios por sanidad".

Durante ese tiempo, una de las amigas de Christa le envió

un video de YouTube en donde mi esposa y yo estábamos orando por la sanidad de nuestro hijo autista, Canah.

Christa me escribió:

> Copié la oración palabra por palabra y la pegué en la cabecera de mi hijo, en el espejo y en los gabinetes de cocina. Le expliqué a mi hijo la oración y la oraba cada mañana y cada noche, al igual que Robby y su esposa lo hicieron sobre la vida de su hijo. Sabía que el poder no residía en la oración recitada, sino en la revelación detrás de la oración. Finalmente, comprendimos cómo atacar esta enfermedad a nivel espiritual.

Continuó diciendo: "Al cabo de un mes, sus síntomas comenzaron a desaparecer uno por vez. ¡Ahora se encuentra un noventa por ciento curado! ¡Estoy haciendo lo mejor que puedo para ayudar a otros a ser libres también!".

¿Le prestó atención a la última oración? Christa y su familia están experimentando la libertad que Cristo provee, y ahora están haciendo lo que pueden para ayudar a otros a encontrar la suya. Una vez más, es como arrojar una piedra en el medio de un lago tranquilo lleno de la gracia de Dios y mirar las ondas de la sanidad expandirse desde el centro en círculos cada vez más amplios.

Me recuerda a las palabras de Pablo a Timoteo: "Lo que me has oído decir en presencia de muchos testigos, encomiéndalo a creyentes dignos de confianza, que a su vez estén capacitados para enseñar a otros" (2 Timoteo 2:2). Detesto ver el punto al final de ese pasaje. Creo que debería continuar diciendo: "que a su vez estén capacitados para enseñar a otros, que a su vez estén capacitados para enseñar a otros" y así sucesivamente, hasta que toda la tierra esté llena del conocimiento y del poder del Señor.

El ladrón de identidad está trabajando horas extras para dejarnos quebrantados, incompletos y heridos. Y, en verdad, somos así, hasta que nos vestimos del nuevo hombre que Cristo ha restablecido por medio de la cruz. El enemigo intenta desechar y rechazar cada vasija quebrantada, pero Cristo manifiesta su poder redentor al sanar y usar a cada uno de nosotros.

Advertencia: Nos aventuramos en un territorio que desenmascara al enemigo y su conspiración para descalificarnos. No podrá vencer. Sus caminos son sutiles y engañosos, es verdad; pero Cristo nos muestra el plan secreto del ladrón al romper el velo de tinieblas e invitarnos a la luz. Es una luz que disipa todo temor y lo fortalece.

¿Elegirá hoy esa luz?

4

EL LADRÓN ES DESPIADADO

Practiquen el dominio propio y manténganse alerta. Su enemigo el diablo ronda como león rugiente, buscando a quién devorar.

1 Pedro 5:8

Desperté en medio de la noche y supe de inmediato que no estaba en mi cama.

Pero, ¿dónde estaba?

Al principio pensé que me encontraba dentro de una caja. Cuando parpadeé en la oscuridad, iluminada solo por una luz tenue que provenía de una pequeña lámpara debajo de mí, me di cuenta de que mi rostro estaba aproximadamente a dieciocho pulgadas (cuarenta y cinco centímetros) del techo. ¡Estaba flotando en el aire!

Puede imaginarse mi terror. ¿Qué estaba haciendo allí arriba? ¿Quién o qué me estaba provocando esto?

Cuando miré hacia abajo, vi a nuestro intrépido perro, Buddy, sentado en la esquina de la cama de mi hermana. Me miraba templando de miedo.

Estaba durmiendo en la habitación de mi hermana porque había estado teniendo visitaciones horribles, demoníacas y atormentadoras durante la noche, razón por la cual me había vuelto extremadamente temeroso. Le rogué a mi hermana mayor que me permitiera dormir en el piso aquella noche y dejara una lámpara encendida, porque sentía que el estar con otra persona pondría fin a estas visitaciones.

Al mismo tiempo que me di cuenta de que estaba flotando, pude distinguir a dos personas encapuchadas—o, más precisamente, a dos seres—quienes se encontraban a ambos lados de mí y trataban de cubrirme la cabeza con la sábana, gimiendo mientras lo hacían. De alguna manera, sabía que si lo lograban, moriría.

Juntando todas mis fuerzas, grité: "¡Jesús, sálvame!".

Tan pronto como pronuncié esas palabras, los dos seres desaparecieron y comencé a descender gentilmente hacia el suelo.

Aterricé con suavidad al lado de la cama de mi hermana, mirando hacia mi pequeño perro que estaba llorisqueando y temblando. Lo acerqué hacia mí, desesperado por su consuelo y calor.

Si bien estos atormentadores se habían ido, permanecí en el suelo, temblando de miedo, hasta que amaneció. No tenía la fuerza para levantarme.

En un capítulo anterior le mencioné que Satanás amenazó con matarme antes de nacer, pero fracasó a causa de que mis padres se rehusaron a rendirse. Según me consta, nunca se les volvió a aparecer. Sin embargo, no significa que haya dejado de querer destruirme o robar mi identidad en Cristo.

Fui atormentado durante la mayor parte de mi niñez, de hecho, hasta antes de que Dios me librara de manera sobrenatural a la edad de trece años, no mucho tiempo después de la historia que acabo de compartirle.

Así es cómo todo sucedió.

Salvado por la goma de mascar

Fui salvo a la edad de siete años. En aquel entonces, mis padres estaban como pastores en una iglesia pequeña en Atlanta, Georgia, denominada Baptist Chapel [Capilla bautista]. Se consideraba una iglesia carismática en donde siempre eran evidentes los dones del Espíritu, pero supongo que mis padres creían que no te podía ir mal en el sur al tener la palabra *bautista* en el nombre de su iglesia.

A primeras horas de la mañana del día en que fui salvo, había entrado a hurtadillas a la habitación de mi hermana mientras todos aún dormían y le robé dos trozos de goma de mascar de Wrigley Spearmint. Me encantaba la goma de mascar en aquella época, pero parecía que nunca tenía una propia. Mi mamá siempre me regañaba por quitar la goma de mascar añeja de debajo de los bancos de nuestra iglesia centenaria y mascarla. Ella decía que la goma de mascar era vieja y asquerosa, pero descubrí que si la masca lo suficiente, se vuelve de nuevo suave y aún se puede sentir algo de sabor.

Como dije, realmente me encantaba.

Esa semana, tres estudiantes del Georgia Tech [Instituto de tecnología de Georgia] se habían quedado con nosotros y realizado los servicios cada noche en la iglesia. Daban sus testimonios, cantaban algunas canciones y luego hacían un llamado al altar. En la noche del día en que robé la goma de mascar, encendieron una vela en la oscuridad del auditorio y comenzaron a hablar sobre el impacto que puede tener solo una luz.

Me encontraba sentado en la oscuridad, pensando: *Soy un ladrón. He robado dos trozos de goma de mascar. Si no logro detener este comportamiento, acabaré en prisión.*

Cuando hicieron el llamado, corrí hacia el altar de la iglesia.

La noche siguiente, volví a pasar al frente. Después de terminado el servicio, mi madre me dijo: "Sabes, hijo, no tienes que pasar más de una vez".

"Lo sé", le respondí. "Pero me gusta estar aquí. Siento algo aquí".

No pude expresarlo en aquel momento, pero ahora sé que estaba siendo atraído a la presencia de Dios.

Mi madre se sonrió y me dijo: "Está bien. Solo quiero asegurarme de que sepas que no tienes que hacerlo una y otra vez".

Aquellos jóvenes universitarios no tenían para compartir un gran mensaje, pero tenían testimonios de la transformación de Dios. Noche tras noche, predicaban el mismo mensaje y contaban las mismas historias, pero la gente aún volvía a pasar al altar porque el Espíritu de Dios estaba tocando los corazones. También muchos de mis amigos entregaron sus vidas a Cristo esa semana.

Impresionado por el Espíritu

Cuando era un niño, solía escuchar a mis padres hablar japonés en la iglesia. Me resultaba extraño que usaran otro idioma que solo ellos podían comprender. A pesar de que se interpretaban entre sí a fin de que el resto de la congregación conociera aquello que se estaba diciendo, me preguntaba: *¿Por qué hablar japonés? ¿Por qué no solo inglés?*

Más extraño aún, era escuchar a otras personas también hablar japonés en la iglesia, o escucharlos interpretar el mensaje que mis padres compartían en dicho idioma.

Posteriormente, cuando tenía nueve años, vino un predicador a la escuela cristiana en donde asistía e invitó a todos los estudiantes a acercarse adelante para recibir el bautismo del Espíritu Santo. Predicó desde el segundo capítulo de Hechos y habló sobre ser bautizados con el Espíritu Santo y hablar en lenguas.

Allí fue cuando me di cuenta de que mis padres no hablaban todo el tiempo japonés, sino que habían estado hablando en lenguas.

El predicador dijo que recibiríamos poder cuando venga el Espíritu Santo sobre nosotros. Era un hombre muy carismático y apasionado. En ese momento, pensé: *¡Vaya! Quiero este poder. Si lo obtengo, ¡apuesto que seré capaz de volar!* Cuando este hombre hizo la invitación, volví a correr hacia el altar. Allí me encontraba parado entre una de las niñas más bonitas de la escuela y uno de los mejores deportistas.

En primer lugar, el predicador oró por la niña, y sus manos comenzaron a temblar. Estaba allí parado mirando con asombro, esperando que ella levitara en cualquier momento. En cambio, empezó a gritar: "¡Ah! ¡Ah! ¡Me estoy quemando!". Luego, cayó al suelo bajo el poder. Todo su cuerpo temblaba fuertemente. ¡Estaba emocionado! Pronto recibiría el poder de todos los superhéroes que había conocido.

Todos sabían que esta niña no simularía algo así. Era una persona fría y algo distante. No era del tipo de comenzar a revolcarse por el suelo salvo que no pudiera evitarlo.

Yo era el próximo, pero cuando el predicador oró por mí, nada sucedió. No sentí nada.

"¿Quieres hablar en lenguas?", me preguntó.

"Sí".

"Bueno, Dios no retiene ninguna cosa buena", me dijo. "He orado por ti, y tú lo quieres; entonces, adelante, habla en lenguas. Te doy permiso".

"Pero no siento nada", protesté.

"¿Acaso Dios miente?".

"Por supuesto que no".

"Bueno, entonces puedes hablar en lenguas".

Comencé a balbucear: "Brrrrrrr. Brrrrr".

"Continúa haciendo eso y recibirás poder", me dijo.

Luego, se acercó para orarle al deportista. Tan pronto como este hombre comenzó a orar, este atleta corpulento empezó a reírse descontroladamente. Después, también, cayó bajo el poder.

Quedé allí parado, todavía sin sentir nada.

Después de la escuela, corrí a casa y le conté a mi mamá lo que había sucedido en la escuela aquel día.

"¡Es asombroso, Robby!", me dijo.

"Pero no sentí nada".

"¿Acaso Dios miente?", me preguntó.

"No. ¿Y por qué todos me hacen esa pregunta? Nunca acusé a Dios de mentir".

Mi madre se sonrió. "Entonces, continúa haciendo lo que estás haciendo—incluso si apenas fueran algunos minutos por día—y vas a hallar poder en tu vida".

Hice conforme me dijo mi madre. No pasó mucho tiempo hasta que descubrí que lo que me había dicho era verdad. Algunas semanas después, en el patio de recreo, le pregunté a una niña llamada Tina si le podía hablar acerca de Jesús. Mis amigos y yo la llamábamos Tina la malvada. Era egoísta, exigente y mandona, y trataba de acaparar todas las cosas buenas del patio de recreo. Si Tina estaba en el tobogán, debía encontrar algo más para hacer porque no lo compartiría. Hasta se apropiaba del subibaja. Cuando le dije que el subibaja funcionaba con dos personas, me siseaba y me decía que me marchara.

Había intentado anteriormente hablarle a Tina acerca de Jesús, pero no quería oírme. Su respuesta era escupirme o reírse de mí. No obstante, algunas semanas después de que me oraran y de practicar hablar en lenguas, la vi en el patio de recreo y le dije: "Tina, me gustaría hablarte acerca de Jesús nuevamente".

Para mi gran sorpresa, me dijo que sí.

¿Qué? ¿Sin escupirme? ¿Sin sisearme? ¿Sin hacer girar la cabeza y vomitar sopa de guisantes? (Está bien, quizás estoy siendo algo dramático con esto último). Estaba perplejo de que contestara que sí.

Al tener nueve años, me tomó aproximadamente cinco

minutos decirle a Tina todo lo que sabía acerca de Jesús, incluido el hecho de que si lo invitaba a entrar a su corazón, la convertiría en una nueva persona.

Asintió con la cabeza y dijo: "Me gustaría hacerlo".

Esto era increíble. "¿Qué?", balbuceé. "Quiero decir, ¿te gustaría?".

Le pedí a Tina que se arrodillara en el arenero, y la guie para que pronunciara la oración del pecador. Honestamente, creía que a causa de que se había comportado tan mal con todos, necesitaba arrodillarse en el arenero como un acto de arrepentimiento. En verdad, hice que se levantara apenas su vestido a fin de que sus rodillas sintieran la arena gruesa. Pobre Tina. Probablemente sea una gran evangelista en alguna parte, ganando cada día miles de almas para el reino de Dios, pero, confundida por mi ejemplo, siempre en búsqueda de arena antes de orar por otros para que acepten a Cristo.

No podía esperar llegar a mi hogar y contarles a mis padres lo que había sucedido. Cuando lo hice, mi mamá me dijo: "Ves, esto es a lo que me refería cuando te mencioné que tendrías poder. El aliento del Espíritu Santo impregnó las palabras que hablaste, y por eso dichas palabras tocaron la vida de Tina".

Dicho pensamiento fue asombroso para mí. Dios no solo le habla a la gente de la nada. Elige dar aliento a nuestras palabras y acciones a fin de que otros puedan encontrarse con Él. Qué generoso.

Testigo de la liberación de Dios

Posteriormente, en ese mismo año, algo más sucedió el cual tuvo un impacto profundo en mi vida. Compartí esta historia en mi libro *Do What Jesus Did* [Hacer lo que hizo Jesús], pero quisiera brevemente volver a contarla, porque la misma muestra lo que puede suceder cuando nos rehusamos a creer las mentiras de Satanás y hallamos nuestra verdadera identidad en Cristo.

Mi padre era un emprendedor autodidacta quien tenía una pasión por alcanzar las vidas de las personas con el amor de Jesús. Fue fundador de varias iglesias, de una organización sin fines de lucro y del primer canal de televisión cristiana en Dallas, Texas. También soñaba con abrir un hogar para adolescentes problemáticos, y dio su primer paso hacia dicho sueño al traer a casa a un fugitivo de diecisiete años quien había estado viviendo en las calles de Atlanta.

Este jovencito, a quien llamaré Pete, se marchó de su casa porque su padre lo golpeaba todos los días. En las calles, se volvió adicto a la heroína y se prostituía para obtener drogas y alimento. Años de abuso en manos de su padre habían conducido a Pete a creer que no tenía ningún valor, y estaba echando a perder su vida.

Cuando mi padre le habló a Pete sobre el Señor, le dijo que estaba dispuesto a intentar cualquier cosa que le diera una oportunidad para tener una vida mejor. Por tanto, mi padre, un hombre de gran corazón, trajo a Pete a casa y puso una cama adicional en mi habitación. ¿Increíble? Tal vez. Pero también indica la confianza de mi padre en Jesús. Hasta donde puedo recordar, siempre estaba dispuesto a tomar riesgos y a actuar por fe.

Los primeros dos días en que Pete estuvo en nuestra casa, padeció un terrible síndrome de abstinencia. Temblaba, sudaba, gritaba y vomitaba por todos lados. Recuerdo a mi mamá y a mi papá sentados junto a él, mi papá con sus brazos alrededor del muchacho, orando para que Jesús librara a Pete. Y al tercer día, Jesús lo hizo.

Desperté temprano aquel día, con los primeros rayos de luz que iluminaban la habitación. Pete estaba parado dándome la espalda. Su silueta contra la ventana, mirando fijamente nuestro patio trasero.

Le pregunté si se encontraba bien.

Cuando se dio vuelta, pude ver que lágrimas rodaban por sus mejillas.

"Robby, todo se ha ido", me decía llorando. "Jesús entró en la habitación esta mañana y se llevó todo. La adicción, el dolor, la enfermedad mi rencor y vergüenza. Todo se ha ido. Simplemente, se han ido".

Sabía que Pete estaba diciendo la verdad. Todo su aspecto lucía diferente. Estaba tranquilo y calmado, como si hubiese sobrevivido a una fuerte tormenta, y así fue. Y lo hermoso es que la transformación en Pete fue permanente. Se convirtió en una parte integral de Baptist Chapel [Capilla bautista] y de adulto terminó involucrándose en el ministerio de tiempo completo.

Supe en ese preciso momento, en aquella mañana cuando tuvo lugar la liberación de Pete, que quería pasar el resto de mi vida viendo a Jesús transformar a las personas, al igual que lo hizo con Pete.

Obnubilado por los planes de Satanás

Todo iba muy bien después de ese episodio. Me había entregado a Jesús, experimentado la llenura del Espíritu Santo y sabía que quería dedicar mi vida al servicio de Dios. Sabía quién era, y mi vida se dirigía en la dirección correcta.

No obstante, Satanás tenía otros planes.

Como suele suceder con la mayoría de los niños, atravesé un período de rebeldía cuando me acercaba a la adolescencia. Según determinadas normas, mi rebeldía fue bastante ingenua y duró poco tiempo. Tenía apenas trece años y no era violento, ni consumía drogas o bebidas alcohólicas, pero puse a Dios en un segundo plano. Discutía con mis padres sobre tener que pasar tanto tiempo en la iglesia. No sentía emoción o pasión por Dios. Aún recordaba cuando Jesús había entrado en mi habitación y llevado la adicción y vergüenza de Pete, pero ya no me conmovía.

Gran parte del problema residía en mi resentimiento. No me veía a mí mismo como la mayoría de los niños con quienes asistía a la escuela. Mi familia vivía y pastoreaba en un área pobre de la ciudad. Después de años de un ministerio exitoso, mis padres ahora luchaban por razones que recién comprendería varios años más tarde. Y a pesar de que asistía a una buena escuela cristiana gracias a una beca, veía que la mayoría de los otros niños provenían de familias adineradas. Sus padres eran doctores, abogados y hombres de negocios exitosos, y me sentía fuera de lugar. También estaba un poco resentido de que mis padres habían dedicado sus vidas al ministerio. Deseaba que dejaran de predicar y salieran a conseguir "empleos de verdad", a fin de que pudiéramos vivir en una mejor casa, conducir un auto más bonito y usar vestimenta más moderna, dado que la mayor parte de nuestra ropa provenía de tiendas de segunda mano o tiendas de artículos usados.

También sentía que en nuestra iglesia se congregaban las personas más raras. La mayoría de los niños que conocía asistían a iglesias cuyos miembros eran personas "normales". Pero parecería que para ser parte de nuestra iglesia, tenía que pertenecer a la categoría de personas raras. A veces pensaba que cuando alguna persona rara se acercaba a una de las otras iglesias, se las encaminaba a la nuestra.

No quería que nuestra iglesia creciera, sino que las personas se marcharan así mis padres podían conseguir empleos de verdad. Se me había ocurrido colaborar como ujier, así podía animar a los visitantes a no quedarse. Imaginaba decirle a una familia que venía por primera vez: "Aquí estamos a favor del sacrificio de niños, y su pequeño Billy parece un buen candidato". Pero sabía que el plan no funcionaría.

Mi padre siempre tenía ideas descabelladas para el ministerio. En retrospectiva, parecen bastante creativas, pero en aquel entonces, la mayoría de ellas me avergonzaban. Por ejemplo, tomó una camioneta de mudanzas de pianos y la convirtió en una capilla ambulante. Tenía luces tenues, pisos y paredes alfombrados, bancos a los costados y un púlpito en la parte delantera. A los costados, en el frente y atrás, se encontraba pintado el nombre Cruising Crisis Chapel [Capilla de emergencia ambulante]. Mi padre hasta tenía una sirena portátil con luces intermitentes amarillas. Escuchábamos una radio policial, mayormente los viernes y sábados por la noche, y cuando entraba una llamada grave, saltábamos a la Cruising Crisis Chapel, nos trasladábamos hasta la escena, abríamos las puertas y decíamos: "¡Acérquese todo aquel que necesite oración o a Jesús!".

Desde luego, iba orando durante todo el trayecto: *Por favor, Señor, no permitas que sea uno de mis compañeros de escuela. Moriría si lo fuera.*

Al final del día escolar, mi madre solía recogerme de la escuela privada cristiana. Enfrente de ella se estacionaba un BMW, por detrás un Mercedes; y allí estaba ella en la Cruising Crisis Chapel, la cual parecía sacada de la película *Tonto y retonto*. Bajaba la ventanilla y pegaba un grito: "Oye, Robby, aquí estoy. ¡Vámonos! ¿Te gustaría que encienda las luces intermitentes o la sirena para tus amigos?".

Quería desaparecer de inmediato.

Todas estas cosas causaron que me alejara de Dios. Había perdido de vista quién era en Cristo. El diablo había robado mi identidad espiritual, y allí fue cuando comenzó a atormentarme.

Como mencioné anteriormente, venía en medio de la noche y me invadía el terror nocturno. A menudo, me despertaba consciente de que una presencia maligna había invadido mi cuarto. Me sentía abrumado por el miedo y el temor.

Quería levantarme y correr, pero no podía. A veces sentía a los demonios sentados sobre mi pecho, sujetándome a la cama y me resultaba casi imposible respirar o incluso hablar. Se me aparecían y me decían: "Serás uno de nosotros, estarás de nuestro lado". Ni siquiera era capaz de abrir mi boca para gritar o reprenderlos en el nombre de Jesús. Temía que si compartía estas experiencias con alguien, de seguro creerían que estaba loco. A veces mi cama temblaba y saltaba o quitaban mis cobijas. Me sentía tan amedrentado que me aterrorizaba ir a la cama por las noches. Cada día, cuando el sol comenzaba a esconderse y el cielo empezaba a oscurecer, el temor y el miedo se apoderaban de mí.

Mis notas bajaron repentinamente por la falta de concentración en mis tareas escolares a causa de no dormir lo suficiente. Comencé a juntarme con los peores niños en vez de con los más buenos como lo hacía antes. Mis experiencias nocturnas empeoraron de tal manera que pedí dormir en la habitación con mis hermanas. Y donde sea que durmiese, siempre les suplicaba a mis padres que dejaran la luz encendida.

La peor de todas esas experiencias tuvo lugar aquella noche cuando me encontré flotando en el aire, luchando por mi vida contra los dos demonios quienes trataban de asfixiarme con mis sábanas. Esa vez fueron derrotados en el nombre de Jesús, pero sabía que no se alejarían para siempre. Satanás no se da por vencido así de fácil. Esta clase de experiencias continuó durante meses, y creí que nunca sería libre.

De adulto, he conocido a muchos otros en el ministerio quienes me contaron que atravesaron experiencias similares. En muchas conferencias de jóvenes en donde he predicado, los coordinadores me decían: "No cuentes esa parte demoníaca de tu historia. No queremos asustar a los chicos". No obstante, cuando se me permitía contar mi historia, muchas personas se me acercaban después del servicio y me decían: "He estado pasando por lo mismo", o "He experimentado visitaciones como esas en el pasado". Con los años, he llegado a creer que tales tormentos por lo general sobrevienen sobre aquellos que tienen un llamado o autoridad sobre sus vidas para romper las fuerzas demoníacas.

Todo este tiempo, estuve tratando de vivir como una persona decente. Incluso me uní como baterista a nuestra pequeña banda de la iglesia. Sin embargo, Satanás estaba decidido a robar mi identidad y, ciertamente, no estaba viviendo una vida victoriosa por seguir a Cristo. Me sentía atrapado en un forcejeo entre Dios y el diablo.

Rescatado por una palabra profética

Cierta noche, durante esta época de tormentos, asistimos con mi familia a un servicio de otra iglesia en Atlanta. El Espíritu Santo se estaba realmente moviendo sobre el grupo de jóvenes en aquel lugar. Pasó de un puñado de miembros a más de mil jóvenes en solo un mes (según nos contaron). La iglesia creció tan rápido que hasta derribaron la pared trasera y pusieron asientos en el estacionamiento.

Cuando entramos, quedé sorprendido al descubrir que en toda la iglesia se oía música rock. Estábamos en el año 1979, y en ese tiempo nadie adoraba con música de guitarras distorsionadas. Pero aquí estaban, tocando sus guitarras y sintetizadores, con luces intermitentes, máquinas de humo e incluso fuegos artificiales, mientras que los jóvenes danzaban en los pasillos.

Nunca había visto un servicio semejante. Estos jóvenes geniales estaban danzando y celebrando a Jesús con otros jóvenes raros y aburridos—como los de nuestra iglesia—y no los discriminaban. Esto amplió mi mente de manera significativa. Daban gritos mientras danzaban: "Te amamos, Jesús. Haremos lo que sea por ti. ¡Moriremos por ti!". Estaba asombrado.

Con una amplia sonrisa en su rostro, mi madre me preguntó: "¿Es este el tipo de música que te gusta, Robby?".

Ahora, mi madre odiaba el rock cristiano. Para ella, decir *rock cristiano* era semejante a decir *rock mundano*. "¡Esa clase de música fue creada por el mismo diablo!", solía decir. No obstante, aquí estaba, al parecer disfrutándola.

Bueno, debido a que le gustaba, yo tenía que pretender que la odiaba, aunque no fuera cierto. Solo que no podía ser algo bueno que me gustara la misma música que a mi mamá. Así que me di la vuelta y le dije: "No, no me gusta".

Mientras los jóvenes danzaban, yo protestaba: "¿Por qué están danzando así? ¿Acaso no saben lo ridículo que se ven?".

Luego, algunos minutos más tarde, me pregunté: *¿Por qué no puedo danzar así?*

Comencé a sentir la atracción de la presencia de Dios.

Iverna Tompkins, una profeta y predicadora, era la oradora invitada de aquella noche. Tan pronto como se puso de pie, pensé: *¿Por qué elegirían a una anciana con cabello canoso para hablarles a miles de adolescentes?* Sin embargo, desde el momento en que empezó a hablar, parecía que todas sus palabras eran como flechas apuntando directo a mi corazón. Sentí como si todas las demás personas en el salón habían desaparecido y que me estaba hablando directamente a mí.

No pude apartar mi mirada, ni siquiera por un momento.

Después de que Iverna terminara su mensaje, permaneció quieta y miró a la congregación, como buscando a alguien.

Luego, se detuvo y señaló en mi dirección. "Baterista", dijo, "estás sentado en esta sección, y no conozco tu nombre, pero Satanás ha estado tratando de matarte desde antes de nacer".

Mi corazón se me salía por la garganta. Sabía que me hablaba a mí. También sentía que todo el salón sabía que se estaba dirigiendo a mí.

"De hecho, Satanás se te ha estado apareciendo por las

noches y atormentándote", continuó diciendo. "Pero, baterista, escúchame bien. El Señor te dice lo que le dijo a Simón: 'Mira que Satanás ha pedido zarandearlos a ustedes como si fueran trigo. Pero yo he orado por ti, para que no falle tu fe. Y tú, cuando te hayas vuelto a mí, fortalece a tus hermanos'".

En ese instante, sentí como si alguien me hubiera golpeado en el estómago. No fue doloroso, pero me quedé sin aliento en un instante.

"Baterista, quiero que vengas hasta aquí ahora mismo, porque deseo orar por ti", dijo Iverna.

Salté de mi asiento, me abrí paso entre la multitud y corrí hacia el altar.

Para mi sorpresa, no era el único. Cinco o seis jóvenes mayores que yo estaban parados allí también, y pensé, *¿Qué están haciendo aquí? No estaba hablándoles a ustedes. Estaba hablándome a mí.*

Iverna me señaló y asintió con su cabeza mientras descendía de la plataforma. A pesar de que estaba parado en la mitad de la fila, vino directo hacia mí. Cuando se me acercó lo suficiente como para que pudiera oírla, me susurró, "Tú eres la persona".

Lo dijo tan suavemente de modo que los otros no pudieran oírla. Ahora entiendo que lo hizo porque no quería desanimar a ninguno de aquellos que habían pasado adelante. Ella sabía que estaban respondiendo al llamado del Espíritu Santo en su propia medida. Sin embargo, también sé que Dios libró esa palabra para mí, porque fue muy específica.

Iverna puso sus manos sobre mis hombros e hizo una oración simple. Su oración no fue dramática ni poderosa. Ni siquiera recuerdo las palabras exactas que usó. Pero sabía que tenía autoridad, y fue librada mi alma.

Aquella noche, me retiré del servicio encendido por Dios. Pasé de sentarme en la última fila de la iglesia a la primera fila. Mis padres siempre nos habían insistido a mis hermanas y a mí que estuviéramos en la iglesia cada vez que las puertas se abrieran. En nuestro caso, eran varias veces por semana, y a menudo eso me molestaba; pero ya no más. Por el contrario, detestaba las noches cuando *no* asistíamos a la iglesia, porque no recibía lo suficiente.

La palabra profética de Iverna Tompkins había cristalizado también el propósito de Dios para mi vida. Sin lugar a dudas, Dios me estaba llamando al ministerio, para fortalecer a mis hermanos alrededor del mundo, como había testificado la palabra profética que me compartió. Sabía que tenía una identidad, un sentido de un gran propósito.

Asimismo, esto confirmó aquello que había sucedido unos meses antes, cuando me encontraba atravesando un período de rebeldía y resentimiento, pero el Espíritu Santo me había hablado durante un servicio en mi iglesia. Durante el tiempo de adoración, mi padre había comenzado a librar un mensaje en lenguas. Esto no resultaba inusual en absoluto, pero dicho mensaje se prolongó por algunos minutos, más tiempo que de costumbre.

Cuando me encontraba sentado con mi cabeza inclinada mientras mi padre daba el mensaje aquel día, hice la pregunta más extraña. *Señor,* oré en silencio, *¿me estás llamando al ministerio?*

Casi tan pronto como hice esa oración, mi padre dejó de hablar y mi madre dio la interpretación. Con una voz fuerte y clara, dijo: "¡El Señor quiere que sepas que la respuesta es sí!".

Casi me desmayo.

Mi padre miró a mi madre como si tuviera algo más que decir. Desde luego, el mensaje que había hablado en lenguas por varios minutos, no podría ser interpretado en apenas quince segundos. No obstante, mi madre no dijo nada más, y yo sabía que Dios me estaba hablando directamente a mí.

Instruido por el ejemplo de Jesús

Aún, apenas a la edad de trece años, sabía que Satanás no había terminado conmigo. Lo sabía porque ni siquiera había desistido con Jesús después de tratar de tentarlo en el desierto. Lucas 4:13 dice: "Así que el diablo, habiendo agotado todo recurso de tentación, lo dejó [a Jesús] hasta otra oportunidad".

Desde luego, tenía un mayor sentido del poder y de la presencia de Dios después de aquel servicio de jóvenes, y sabía que podía confiar en Dios para derrotar al diablo—la adoración se convirtió para mí en una poderosa arma en ese aspecto— pero sabía que Satanás no había terminado. Nunca se rinde. Es como uno de esos personajes en una película de terror. Piensa que ha sido vencido, pero de pronto regresa a la vida en los últimos minutos.

No obstante, algo poderoso sucede en nosotros cuando le resistimos. Y podemos aprender a hacerlo al mirar el ejemplo de Jesús en el desierto, sabiendo que Satanás usa la misma clase de trucos sobre nosotros.

En Lucas 4, vemos que Jesús fue tentado en el área central de su identidad. Para brindarle un contexto, recuerde que Satanás se le apareció a Jesús después de que fue bautizado y citó la Escritura con el objeto de que Jesús deje de creer en su identidad y de confiar en su Padre celestial. Fue la misma estrategia que Satanás utilizó en el huerto de Edén, si recuerda. Y Satanás sabía que si cumplía su propósito, Jesús ya no sería el Cordero perfecto quien sería sacrificado por los pecados de la humanidad.

Veamos qué sucedió.

Cuestionar la Palabra de Dios

En primer lugar, vemos en el libro de Juan que Juan el Bautista—el más grande de todos los profetas, según Jesús (vea

Mateo 11:11)—, exclamó: "¡Aquí tienen al Cordero de Dios, que quita el pecado del mundo!" (Juan 1:29, 36). Luego, en el tercer capítulo de Lucas, leemos que cuando Jesús fue bautizado, el Espíritu Santo descendió sobre Él en forma de paloma y el Padre habló desde los cielos diciéndole a Jesús: "Tú eres mi Hijo amado; estoy muy complacido contigo" (Lucas 3:22).

Entonces, vemos al Espíritu Santo, al Padre celestial y al más grande de todos los profetas declarando quién es Jesús. Posteriormente, se nos detalla la genealogía de Jesús que nos describe su historia familiar remontándose hasta Adán (vea Lucas 3:23–38), la cual es el cuarto testigo poderoso de la divinidad de Cristo, de acuerdo con las profecías de su linaje familiar.

Aun así, Satanás desafía la identidad de Cristo. Primeramente, lo hace apelando a la hambruna de Jesús, ya que sabía que no había probado alimento por cuarenta días: "Si eres el Hijo de Dios—le propuso el diablo—, dile a esta piedra que se convierta en pan" (Lucas 4:3).

Note que el enemigo desafiaba la identidad de Jesús al decirle: "Si eres el Hijo de Dios". Recuerde, el Padre sabía quién era Jesús, el Espíritu Santo sabía quién era Jesús y el más grande de todos los profetas, Juan el Bautista, sabía quién era Jesús. Satanás también lo sabía, pero quería ver si Jesús conocía su propia identidad. Si Jesús demostraba la más mínima incertidumbre, entonces Satanás se abalanzaría sobre esa brecha para obtener la victoria y destruir el plan de redención de Dios para la humanidad.

Satanás desafió la palabra que el Padre, el Espíritu Santo, Juan el Bautista y la genealogía de Jesús declararon sobre Él. No obstante, Jesús citó la Palabra de Dios para refutar las alegaciones del diablo. Respondió a la tentación del enemigo, diciendo: "Escrito está: 'No sólo de pan vive el hombre'" (Lucas 4:4).

Jesús citó el Logos—la Palabra de Dios—porque esta es quien Jesús es. Como mi madre solía siempre enseñar: "Su nombre eterno no es Jesús. Su nombre eterno está escrito sobre su muslo: *la Palabra de Dios*". Aquí, Jesús establece su identidad al hacerle saber a Satanás que Él sabe quién es Él y que tiene toda autoridad como la Palabra de Dios. Hace referencia a la Escritura como la autoridad, por tanto, se refiere a sí mismo como la autoridad.

Satanás esperaba aprovecharse de Jesús en su condición más débil, en otras palabras, en su forma humana. No veía a Jesús de la manera asombrosa en la cual se lo describe en el primer capítulo de Apocalipsis o en el capítulo diez de Daniel: Sus ojos encendidos como llama de fuego, sus cabellos como blanca nieve, sus vestiduras resplandecientes y su voz como el estruendo de muchas aguas. En cambio, hambriento en su condición humana, Jesús lucía como un simple mortal.

Satanás habrá pensado: *Indudablemente, algo ha salido mal. Esta es mi oportunidad para derrotarlo.* En esencia, le dijo al Señor: "Solo mírate en este cuerpo humano lamentable. Tu vestimenta está sucia, tu estómago te duele de hambre y, después de estar cuarenta días en el desierto, te vendría bien un baño. ¿Acaso no eres el pan de vida? Y hablando de pan, ¿por qué no demuestras quién eres al convertir esta piedra en pan?".

Jesús nunca se dejó engañar por este argumento. Incluso cuando fue desafiado más adelante en su juicio y crucifixión. Nunca respondió al desafío de tener que demostrar su divinidad. Hacerlo significaría reconocer la autoridad y el poder de Satanás. En cambio, Jesús demostró su poder e identidad al no reaccionar.

Desafiar la adoración de Dios

Cuando su primer intento fracasó, Satanás fue en busca de la adoración de Jesús. Recurrió al conocimiento de Cristo sobre que él, Satanás, es el legítimo gobernador de este mundo y que obtuvo ese derecho en el huerto de Edén:

Entonces el diablo lo llevó a un lugar alto y le mostró en un instante todos los reinos del mundo. "Sobre estos reinos y todo su esplendor" le dijo, "te daré la autoridad, porque a mí me ha sido entregada, y puedo dársela a quien yo quiera. Así que, si me adoras, todo será tuyo".

Lucas 4:5-7

Satanás le estaba diciendo: "Jesús, hagamos esto de la manera fácil en vez de la manera difícil. Tu Padre te está haciendo sufrir de forma innecesaria. Solo inclínate ante mí, y toda la tierra será tuya". Pero Jesús contestó: "Escrito está: 'Adora al Señor tu Dios y sírvele solamente a él'" (Lucas 4:8).

Cabe destacar que Jesús no refutó el argumento de Satanás sobre que todos los reinos del mundo le pertenecían. No lo hizo porque era "y es" verdad. Recuerde, Adán y Eva le entregaron a Satanás el reinado de este mundo en el huerto de Edén.

En cambio, Jesús volvió a responderle con la Palabra de Dios. Se paró de nuevo en su autoridad.

Distorsionar la Palabra de Dios

Al Jesús citar nuevamente la Escritura, Satanás trató con otra táctica: emplea la Palabra de Dios, pero esta vez distorsionándola para sus propias ambiciones y propósitos:

El diablo lo llevó luego a Jerusalén e hizo que se pusiera de pie en la parte más alta del templo, y le dijo: "'Si eres el Hijo de Dios, ¡tírate de aquí! Pues escrito está: 'Ordenará que sus ángeles te cuiden. Te sostendrán en sus manos para que no tropieces con piedra alguna'".

"También está escrito: 'No pongas a prueba al Señor tu Dios' le replicó Jesús".

Lucas 4:9-12

Podemos aprender de este ejemplo que si Satanás no puede llegar a usted de una manera, tratará de otra. Por lo general ataca cuando nos sentimos fuertes. Es en ese momento, cuando estamos confiados en nosotros mismos, que nos sorprende con la guardia baja.

Sin embargo, Jesús no reacciona ante las provocaciones del ladrón de identidad. Por el contrario, vemos que responde con la Palabra de Dios—su verdadera identidad—para deshacer los planes del ladrón que intentan frustrar el propósito de Dios.

Debido a que el ladrón de identidad está celoso de nosotros por haber sido creados a la imagen de Dios, también procura descarrilarnos. Siempre buscará desviarnos de nuestro destino al atraernos a los deseos momentáneos. Cuando eso sucede, debemos responder al igual que Jesús en el desierto. Tenemos que mantener nuestra mirada en la obra que el Señor busca completar a través de nosotros. La provisión de Dios está siempre disponible para aquellos quienes "busquen primeramente el reino de Dios" (Mateo 6:33).

Abrazado por la gracia de Dios

Satanás se esforzó por atormentarme con temor y mermar mi autoestima por medio de sus mentiras. Creo que sabía que Dios tenía grandes propósitos para mí—equipar el cuerpo de Cristo para derrotar el reino del enemigo—y por este motivo intentó matarme durante el parto. Asimismo, estoy convencido de que también me atacó cuando vio mis luchas con el tipo de vida que mis padres habían elegido en cuanto al ministerio.

¿Cómo, entonces, podemos derrotar al enemigo de este mundo? Solo es posible con la ayuda de Dios y velando constantemente. No confíe en sus sentimientos, más bien confíe en lo que Dios dice sobre usted. Aférrese a la declaración de Dios sobre su vida. Sepa que "el que está en ustedes es más poderoso que el que está en el mundo" (1 Juan 4:4). En otras palabras, confíe en lo que la Palabra de Dios declara sobre usted en vez de aquello que el ladrón de identidad dice o lo que pueda estar sintiendo en ese momento.

Siempre me ayuda reflexionar en el siguiente pasaje. Santiago 4:7-8 dice: "Así que sométanse a Dios. Resistan al diablo, y él huirá de ustedes. Acérquense a Dios, y él se acercará a ustedes". La batalla no es nuestra, sino del Señor. ¡Y Él ya ha vencido! Pero necesitamos continuar caminando en esa victoria que Cristo ha ganado.

En el capítulo siete de Romanos, Pablo habla sobre sus luchas por hacer el bien:

> Así que descubro esta ley: que cuando quiero hacer el bien, me acompaña el mal. Porque en lo íntimo de mi ser me deleito en la ley de Dios; pero me doy cuenta de que en los miembros de mi cuerpo hay otra ley, que es la ley del pecado. Esta ley lucha contra la ley de mi mente, y me tiene cautivo. ¡Soy un pobre miserable! ¿Quién me librará de este cuerpo mortal? *¡Gracias a Dios por medio de Jesucristo nuestro Señor!*
>
> Romanos 7:21-25, énfasis añadido

Vea nuevamente la última oración de este pasaje. Pablo está afirmando que ya ha sido librado de esta confusión interior por medio de lo que Cristo ya ha hecho por él.

Esto también aplica para usted y para mí. A través de la fe en Cristo, hemos sido librados de todo aquello que Satanás trate de hacernos. Cuando enfrentemos sus ataques, debemos recordar nuestra verdadera identidad, la cual nos ha sido restaurada por medio de Cristo. Debemos permanecer tan cerca de Él como sea posible y llevar cautivo todo pensamiento que Satanás nos arroje a la luz de lo que Jesús dice acerca de nosotros.

Cuando Pablo dice: "Esta ley lucha contra la ley de mi mente, y me tiene cautivo" (versículo 23), aprendemos que el campo de batalla está en la mente y en la voluntad. La única manera de ganar la batalla es reconociendo que Jesús ya ha roto las cadenas de nuestra identidad falsa e impuesta por Satanás. Jesús nos ha librado de las cadenas que nos ataban y nos ha mostrado cómo pensar diferente, a fin de renovar nuestras mentes. Nos ha provisto una nueva manera de vivir.

5

MANTÉNGASE CONECTADO

Yo soy la vid y ustedes las ramas. El que permanece en mí, y yo en él, producirá mucho fruto, pues separados de mí, ustedes no pueden hacer nada.

Juan 15:5, PDT

Carol y su esposo, Juan, eran miembros activos en una iglesia en donde se enseñaba que el tiempo de los milagros había terminado. Todo aquel que creyera en señales y maravillas era considerado sospechoso. De hecho, Carol era una de las ancianas de la iglesia y una de sus tareas principales era la de proteger a la congregación de toda influencia carismática. A las personas que parecían creer en tales cosas se les decía que no eran bienvenidas allí.

Cierto día, sucedió que su hijo de tres años, llamado Sean, se alejó de su hogar. Carol había notado que ya no se encontraba en el patio, cuando oyó gritos que provenían de un jardín al otro lado de la calle. Carol llamó a su esposo, y corrieron tan rápido como pudieron en la dirección de los gritos.

Allí estaba Sean, corriendo por la calle, agitando sus brazos ante una nube de abejas que revoloteaban a su alrededor. El pequeño había ido hasta las colmenas del vecino y había sido picado numerosas veces.

John y Carol lo levantaron, le quitaron su camiseta, le sacudieron las abejas de su cuerpo y lo llevaron a su hogar. Para cuando llegaron a la seguridad de su casa, su cuerpo estaba cubierto de ronchas rojas.

Carol recuerda que John hizo algo que nunca había hecho antes. Puso sus manos sobre el cuerpo de su hijo pequeño y oró para que Jesús lo sanara.

"John oró desesperadamente", cuenta Carol. "Y algo extraordinario sucedió. Las cincuenta y pico de ronchas que cubrían su cuerpo desaparecieron, hasta que finalmente no le quedó ninguna marca y durmió pacíficamente. No es de extrañar que estuviéramos emocionados. Dios había salvado a nuestro hijo".

Después de aquel episodio, como suele suceder cuando Dios sobrenaturalmente responde nuestras oraciones, las dudas comenzaron a aparecer. Tal vez las picaduras de abeja no habían sido tan graves como habíamos creído; o quizás Sean era inmune al veneno de abeja por naturaleza. Lo que sea que haya sido, John y Carol prácticamente se olvidaron de ese hecho y volvieron a luchar contra aquellos que enseñaban que los dones sobrenaturales del Espíritu Santo estaban al alcance de los cristianos de hoy.

No fue hasta trece años más tarde que Carol tuvo un sueño el cual cambió todo. En su sueño, estaba parada en una tribuna haciendo lo que describió como "su enseñanza habitual en contra del movimiento carismático". Pero cuando despertó, se encontró a sí misma hablando en lenguas.

"Al momento siguiente, apenas podía respirar a causa del peso de la convicción de mis pecados", expresó.

Durante el mes siguiente, se acercó a más de treinta personas de su iglesia, a fin de pedirles perdón por cómo las había tratado. Pronto, muchas de estas personas se unieron en adoración, oración y búsqueda a Dios, y Él se les manifestó de una forma poderosa.

Las personas que acabo de nombrar son Carol y John Wimber, quienes se convirtieron en los líderes de Vineyard International, una agrupación internacional de iglesias que comprende mil quinientas congregaciones. Entre otras características, se destaca por su creencia en sanidad, profecía y evangelismo poderoso, en el cual la predicación del evangelio está acompañada por señales y maravillas. He formado parte de The Vineyard [La Viña] desde el año 1996, luego de entrar en contacto con el movimiento Toronto Blessing, sobre lo cual compartiré más adelante. Hubo muchos contratiempos en este movimiento, y creo que Satanás ha trabajado arduamente para robar la identidad verdadera de The Vineyard.

Por años, los Wimbers dieron sus espaldas al poder que Dios ha dispuesto para sus hijos. Como consecuencia, no recibieron los milagros y bendiciones que Dios quería darles. Le pido que no permita que esto le suceda a usted ni a alguien más.

La Biblia dice: "No tienen, porque no piden" (Santiago 4:2). El apóstol Pablo también expresa palabras fuertes hacia quienes aparentan ser piadosos pero niegan su poder (vea 2 Timoteo 3:5). Hay solo una cosa que debemos hacer para apropiarnos del poder que Dios ha provisto para nosotros, y es vivir en comunión con Cristo Jesús y estar dispuestos para que Dios nos use cuando vemos una oportunidad.

En mi primer libro, *Do What Jesus Did* [Hacer lo que hizo Jesús], explico que Jesús no vino a la tierra haciéndose semejante a los seres humanos solo para mostrarnos qué podía hacer como el Hijo de Dios. De acuerdo con el capítulo dos de Filipenses, dejó de lado sus "poderes divinos" y se hizo hombre, revestido con el poder del Espíritu Santo. Jesús vino a restaurar el dominio perdido, el cual Adán y Eva cedieron en el huerto de Edén. En otras palabras, no vino para mostrarnos lo que

Él podía hacer, sino para mostrarnos lo que *nosotros* podemos hacer como seres humanos cuando actuamos en nuestra identidad restaurada.

¿Conoce el poder que hay en usted?

Leí una historia acerca de una mujer indigente en la ciudad de Nueva York quien heredó algo así como $50 millones de dólares. Por casi tres años, las autoridades intentaron localizarla a fin de comunicarle que era millonaria. Mientras tanto, continuaba durmiendo en las calles, alimentándose de comida que encontraba en los contenedores de basura y rogando por limosna a desconocidos. Pudo haber estado comiendo en los restaurantes más refinados de la ciudad y durmiendo cómodamente en los mejores hoteles; en cambio, no sabía lo que tenía o quién era.

Es lamentable pensar que muchos cristianos se encuentran luchando del mismo modo, cuando tampoco necesitan atravesar por ello. Lo hacen porque carecen del conocimiento apropiado sobre lo que significa ser un heredero de Dios. ¡Somos las personas más ricas del mundo! No podemos retroceder y volver a escavar en tachos de basura. Debemos recordar que la única manera de que este mundo pueda ver a Dios es a través de nosotros.

El plan de esperanza y salvación de Dios para el mundo es Cristo en usted. Si ha estado orando por un avivamiento o un mover poderoso de Dios en su ciudad, su área o incluso su familia, ese avivamiento o mover de Dios está leyendo estas palabras ahora mismo. ¡Es Cristo en usted!

Dicho de otro modo, ¿alguna vez se ha preguntado cuántas veces Dios lo ha protegido o bendecido de algún modo y ni siquiera es consciente de ello? Sucede todos los días. Satanás hace todo lo posible para causarnos problemas y hacernos daño, pero no puede atravesar la protección que Dios ha puesto a nuestro alrededor.

Por ejemplo, imagine que va camino a su trabajo y le tocan todos los semáforos en rojo. O quizás decide tomar una ruta alternativa por alguna razón. ¿Podría ser que Dios lo esté demorando o cambiando su camino para evitar que se vea involucrado en un accidente grave? Tal vez se ha visto obstaculizado a fin de ayudar a que alguien tenga un encuentro con Dios.

Creo que cuando estamos sincronizados con Jesús, nuestros pasos son guiados por el Espíritu Santo, a pesar de que no siempre nos demos cuenta. Es como si Dios y el enemigo estuvieran jugando ajedrez, y simplemente el enemigo no pueda ganar.

Si es un aficionado del deporte, sabe que los Harlem Globetrotters siempre juegan contra un oponente llamado los Washington Generals. Estos dos equipos de baloncesto han competido miles de veces, y los Globetrotters siempre ganan. Satanás vendría a ser como los Washington Generals. Nunca gana, pero nunca se rinde. Es un adversario desventurado y derrotado. No obstante, todavía puede dar un buen golpe cuando no estamos atentos.

No existen límites para las grandes cosas que podemos alcanzar si nos mantenemos conectados a nuestra fuente de energía y actuamos en nuestra verdadera identidad, como Jesús nos enseñó. Debido a que somos hijos de Dios, lo que hacemos y decimos tiene un poder especial. Los corazones serán tocados para Dios y las vidas transformadas de maneras que ni siquiera podemos llegar a imaginar. Esto forma parte de nuestra identidad espiritual.

¿Ha sido usado por el poder?

A veces, Dios nos protege y, al mismo tiempo, nos usa de forma poderosa. He vivido tal experiencia. La primera vez que sucedió fue no mucho tiempo después de haber recibido esa palabra de conocimiento librada por Iverna Tompkins.

Como podrá imaginar, aquella palabra de Dios transformó mi vida. Tomé mi Biblia polvorienta y comencé a leerla.

Tanto el poder como la luz de Dios parecían saltar de cada página de una forma que no había experimentado hacía mucho tiempo.

Le dije a mi padre: "Tenemos que comenzar una de esas bandas en nuestra iglesia".

Mi padre, siempre lleno de fe, pensó que era una idea grandiosa. Si era un medio para ganar almas para Jesús, estaba totalmente a favor.

Ya teníamos un pequeño grupo que tocaba en los servicios, pero había un largo, largo camino por delante para convertirlo en una banda de rock. Íbamos a tener que experimentar una gran transformación.

Otro obstáculo que se nos presentó en el camino era el hecho de que yo no era un muy buen baterista. Era idóneo, pero tenía solo trece años y no tenía demasiada experiencia. Los otros jóvenes de la banda eran mayores, y creo que me veían como su baterista temporario hasta que surgiera alguien más habilidoso.

Lo sorprendente sobre esto fue que después de escuchar la voz de Dios por medio de Iverna Tompkins, me convertí en un mejor baterista.

"¿Qué te sucedió?", me preguntaban los otros jóvenes. "¿Cómo aprendiste a tocar así?".

No podía explicarlo, pero a mí también me resultaba obvio. Me sentía más confiado detrás de la batería. Sin lugar a dudas, en parte se debía a mi nueva confianza en mí mismo, pero también creo que había algo sobrenatural detrás de ello. Dios estaba aumentando mi talento porque vio cuánto quería usarlo para su gloria. Honestamente, siento que cuando Iverna me llamó diciendo: "Baterista ", era como si el Señor me estuviera llamando a mi identidad. En efecto, me convertí en un mejor baterista después de ese episodio. No estoy diciendo que tocaba la batería como Keith Moon o John Bonham, pero tampoco pasaba vergüenza.

A fin de subir el nivel de nuestra banda, tomamos un garaje viejo y deteriorado detrás de la iglesia y lo convertimos en un anfiteatro. Instalamos nuestro propio sistema de luces al perforar agujeros en latas de pinturas y colocar dentro de estas las luces. No podíamos pagar los geles de color para utilizar en las mismas, así que comprábamos las tapas plásticas transparentes de los cuadernos—en colores rojo, azul, y verde—y las anteponíamos a las luces. Aquellas tapas de cuadernos siempre se derretían antes de terminar la actuación.

Nuestro guitarrista y compositor, Bruce, y yo también usábamos pólvora para fabricar nuestros propios fuegos artificiales, porque carecíamos de los medios para comprarlos. Siempre teníamos que esperar hasta la última canción para encender dichos fuegos artificiales porque irritaban nuestros ojos y la garganta de nuestro cantante principal, haciendo imposible continuar. Entre aquellas tapas de cuadernos derretidas, el cableado y la pólvora artesanales, ¡me sorprende que no hayamos incendiado ese garaje! Supongo que Dios tuvo cuidado de nosotros.

Nuestra banda, la cual se llamaba Power [Poder], dio conciertos en ese garaje transformado durante tres años todos los sábados a la noche. No atraíamos a grandes multitudes. La mayoría de las veces, cerca de veinticinco o treinta personas se acercaban a escucharnos. Nos sentíamos entusiasmados cuando teníamos cincuenta personas en la audiencia. Una vez, tocamos para una multitud de setenta y cinco personas.

A pesar del hecho de que no convocábamos suficientes personas para llenar el Atlanta's Fulton County Stadium [Estadio del condado de Fulton-Atlanta], algunas personas fueron salvas, y eso era todo lo que realmente nos importaba. Con mi padre trabajando en la consola de sonido, mi madre en las luces y a veces en el teclado, y mis hermanas, Debbie y Ella, como coristas, nuestra banda era verdaderamente un asunto familiar.

Ahora bien, sin dudas no éramos la mejor banda del mundo. De hecho, tal vez una de las peores. Pero éramos ruidosos y entusiastas y eso cuenta muchísimo cuando se trata de la música rock. Asimismo, las mejoras vinieron con el tiempo, y ganamos cierta celebridad en el pueblo.

El punto culminante llegó cuando fuimos invitados a realizar un concierto el sábado por la noche en el jardín delantero de una iglesia metodista de la zona.

No teníamos una plataforma portátil para la batería, pero mi padre había encontrado una vieja tarima en el área, y tuvo una idea.

"Oye, usemos la tarima para hacer una plataforma para la batería", sugirió.

Seguro. ¿Por qué no? Parecía un gran lugar para armar la batería, a pesar de que estaría ubicado alrededor de seis pies (un metro con ochenta y tres centímetros) sobre el resto de la banda. Una vez más, Dios había provisto.

Montamos la batería en la tarima y lucía un poco rara, pero tenía una buena vista de nuestra mayor audiencia, probablemente alrededor de doscientas personas. Estaba emocionado, no porque fuéramos a tocar enfrente de tanta gente, sino porque se nos presentaba una oportunidad maravillosa para compartir de Jesús, y no iba a desperdiciarla.

Al principio, todo iba según lo planeado. Tocamos algunas canciones, compartimos un breve mensaje bíblico y luego tocamos algunas canciones más. Las personas parecían estar animadas, sonreían y aplaudían al compás de la música. Cerca de la mitad del evento, cuando estaba predicando desde mi tarima acerca de que Jesús fue a la cruz en nuestro lugar, un hombre salió del lateral del edificio detrás de mí, agitando sus brazos y gritando furiosamente. No lograba comprender todo lo que decía, pero sí lo oí decir: "¡Detengan todo ahora mismo!". También escuché varias palabras que no puedo repetir y algo relacionado con matar a alguien.

Este hombre estaba extremadamente agitado y hacía amenazas. Pero pensé que se trataba de alguien mentalmente enfermo y, en esencia, inofensivo y que lo mejor que podía hacer era ignorarlo. Después de todo, había muchas personas dementes en la zona. También sabía que Satanás había enviado a este hombre para interrumpirme porque mis palabras estaban causando un impacto para Cristo.

Mi reacción fue acercarme más el micrófono y alzar mi voz a fin de que las personas pudieran escucharme por encima de los gritos de este hombre. Siempre me habían enseñado que si se dirige a una multitud y surge alguna distracción, nunca dejar el micrófono o permitir que alguien más continúe porque perderá a la multitud.

En efecto, al continuar hablando, este hombre dejó de gritar. Pero entonces, mi plataforma comenzó a temblar. Para mi sorpresa, había subido por la tarima y ahora se encontraba detrás de mí.

Yo estaba molesto, pero no asustado. Continué predicando, porque podía ver que la multitud estaba completamente atenta. La gente parecía estar pendiente de cada palabra, y comencé a pensar: *Tengo apenas quince años, pero debo estar haciendo un buen trabajo, porque todos están tan quietos y concentrados.*

Miré a los espectadores y vi a mi papá agitando sus brazos. Pensé: *¡Valla! Esta debe ser una predicación poderosa, porque incluso mi papá está siendo tocado.*

Mi madre estaba sentada más cerca, y también me miraba y movía sus brazos. ¿Eran lágrimas las que rodaban por sus mejillas? *Tengo que recordar este pasaje,* pensé. *Esta debe ser una porción llena de poder para que reaccionen así.* Después de todo, ambos eran oradores muy poderosos y talentosos.

Dicho hombre se me acercó y sentí varios golpes en la parte posterior de mi cabeza. Lo ignoré completamente y continué. A pesar de sus payasadas, podía notar que todas las miradas estaban todavía puestas en mí, y la gente parecía reaccionar con una emoción profunda ante cada palabra que expresaba. Miré hacia abajo en dirección a nuestro bajista y vi que me miraba fijamente, su mandíbula totalmente abierta.

Este sujeto me volvió a golpear en la cabeza, y lo ignoré nuevamente. Para ese entonces, cesó de gritar, se tranquilizó y se quedó parado allí por varios minutos. Supongo que se dio cuenta de que no podía hacer que pierda la calma. Luego, descendió de la tarima. *Llegó el momento,* pensé.

Hice una pausa en mi mensaje, con la intención de permitir que la gente pueda asimilar una reflexión que acababa de compartir, cuando el pastor de la iglesia se paró enfrente de la banda y tomó el micrófono de nuestro cantante principal.

"Lamento si alguno se sintió ofendido", gritó con una voz temblorosa. "Dios les bendiga. El concierto terminó. Pueden regresar a sus hogares".

¿Qué está haciendo?, pensé. *¿Por qué está interrumpiéndome antes de que pueda hacer la invitación para acercarse a Jesús?*

Cualquiera haya sido la razón, era evidente que el concierto había terminado, y no había nada que pudiera hacer más que dejar los palillos y sentarme allí, tratando de averiguar qué había sucedido.

Nuestro bajista, Dexter, se me acercó y rápidamente subió hasta la mitad de la tarima.

"¡Amigo, eso estuvo increíble!", dijo.

"Lo sé", asentí. "Tendré que recordar volver a usar este pasaje de la Escritura. Fue algo grandioso. ¿Viste cómo la gente estaba atenta a cada palabra?".

"¿Pasaje de la Escritura?", preguntó. "No me refiero a eso, sino al hombre sosteniendo el arma en tu cabeza".

"¿Cómo que un arma?".

De pronto mis piernas se debilitaron, y mi estómago se sacudía como si estuviera montando la carroza de carnaval más aterradora del mundo. No había visto ningún arma. Ciertamente, no habría ignorado a ese hombre si hubiese sabido que estaba golpeando mi cabeza con un revólver cargado.

"¡Sí!", continuó Dexter. "Este hombre sostenía un arma apuntándole a tu cabeza, y tú solo continuabas hablando. ¡Fue una locura!".

Supe más tarde que aquel hombre, quien había amenazado con volarme la cabeza, se dirigió hacia el pastor una vez concluido el concierto y le dijo: "Necesito lo que ese chico tiene".

Cuando el pastor comenzó a disculparse por molestarlo tanto, el muchacho lo interrumpió.

"Usted no entiende", le dijo. "Quiero tener lo que él tiene. Aun cuando le apuntaba un arma a su cabeza, tenía tal convicción sobre lo que estaba hablando que no tuvo miedo y continuó predicando. Necesito eso en mi vida".

Este hombre terminó orando con el pastor para recibir a Cristo. Lo último que escuché fue que aún era parte de esa iglesia.

Después de ese evento, traté de que nadie supiera que mis rodillas aún temblaban mientras cargábamos nuestro equipo en la Cruising Crisis Chapel. Continuaban temblando cuando todos estábamos en la camioneta para regresar a nuestro lado de la ciudad.

Cuando conducíamos de regreso, el Señor me habló, diciendo: *Así es como quiero que vivas.*

Inmediatamente pensé: *¿Tonto, ingenuo, ignorante? Sí puedo hacerlo.*

Continuó diciendo: *No quiero que nunca vivas con el temor de que podrías morir antes de tu tiempo. No quiero que te preocupes por dejar esta tierra un día antes o un día después. Quiero que vivas sabiendo que cada uno de tus días está en mis manos.*

Es absolutamente cierto. El Señor lo usará si vive como si cada día está en sus manos. Como dice el salmista: "Tus ojos vieron mi cuerpo en gestación: todo estaba ya escrito en tu libro; todos mis días se estaban diseñando, aunque no existía uno solo de ellos" (Salmo 139:16).

Nuevamente, la lección que podemos aprender es que Dios puede usarlo de forma poderosa, aunque realmente no sepa lo que está sucediendo. Dios está obrando a fin de establecer nuestra identidad aun cuando estamos tratando de entenderla. Aquel día en el jardín de la iglesia, Dios cumplió su obra a través de mí, a pesar de que no tenía consciencia de ello.

¿Está sincronizado con el poder?

¿Ha notado alguna vez que cuando un hombre y una mujer están casados por mucho tiempo, comienzan a parecerse? Es una buena noticia para la mayoría de los hombres que conozco; aunque no tan buena para las mujeres. (¡Solo bromeaba, amigos!).

Daniel Goleman, escritor del *New York Times*, expresó:

La ciencia se ha inclinado a apoyar la antigua creencia acerca de que las parejas casadas con el tiempo comienzan a parecerse.

Las parejas que inicialmente no guardaban ningún parecido entre sí cuando contrajeron matrimonio, después de 25 años de casados, comienzan a manifestar similitudes, aunque este parecido pueda ser sutil, según demostró un informe investigativo.

Asimismo, se ha puesto de manifiesto una mayor similitud facial en aquellos matrimonios que afirmaban ser más felices.

El incremento de la similitud facial resulta de décadas de compartir emociones, según afirmó Robert Zajonc, psicólogo de la Universidad de Michigan, quien llevó a cabo la investigación.[1]

¿Desea parecerse a Jesús? ¡Entonces, pase tiempo con Él!

Anteriormente, he mencionado la relación maravillosa que Adán y Eva gozaban con Dios antes de que comieran del fruto prohibido. Cada día, tenían el privilegio de caminar con Él en el huerto de Edén, y beber de la copa de su amor y su sabiduría.

La Biblia se refiere a Jesús como "el último Adán". En 1 Corintios 15 dice: "Pues así como en Adán todos mueren, también en Cristo todos volverán a vivir" (versículo 22). Un poco más abajo en el mismo capítulo, Pablo dice:

> Así está escrito: «El primer hombre, Adán, se convirtió en un ser viviente»; el último Adán, en el Espíritu que da vida. No vino primero lo espiritual sino lo natural, y después lo espiritual. El primer hombre era del polvo de la tierra; el segundo hombre, del cielo. Como es aquel hombre terrenal, así son también los de la tierra; y como es el celestial, así son también los del cielo. Y así como hemos llevado la imagen de aquel hombre terrenal, llevaremos también la imagen del celestial.
>
> 1 Corintios 15:45–49

Creo que debemos ser semejantes a Cristo, no solo cuando lleguemos al cielo, sino también aquí en la tierra. Debemos ser como Él, actuar como Él y hablar como Él. Jesús dijo: "Ciertamente les aseguro que el que cree en mí las obras que yo hago también él las hará, y aun las hará mayores, porque yo vuelvo al Padre" (Juan 14:12). Cuando pasamos tiempo con Dios, nuestras vidas se alinean con su voluntad y podemos hacer los mismos milagros que Jesús hizo.

El Espíritu Santo nos ha dado el poder para hacer las obras que hizo Jesús. Solo tenemos que activarlo. Lamentablemente, por lo general pasamos por alto este paso. Es como la vieja historia del cliente insatisfecho, quien devolvió una motosierra a la ferretería en donde la había comprado.

El vendedor le preguntó: "¿Cuál es el problema?".

"Simplemente no funciona", respondió el cliente descontento. "Demoró muchísimo para cortar los trozos más pequeños de madera".

"Mmm. Permítame echarle un vistazo", dijo el vendedor. Tiró de la cuerda, y la motosierra dio un rugido.

El cliente pegó un salto en asombro y temor. "¿Qué rayos es ese ruido?", exclamó.

Como ve, el hombre tenía el poder—estaba justo allí al alcance de sus manos—pero no sabía cómo usarlo.

Como el último Adán, Cristo supo comprender la importancia de pasar tiempo con su Padre celestial. A dondequiera que Jesús se dirigía durante su ministerio en la tierra, era asediado por la multitud. Muchos estaban desesperados por un toque sanador. Otros querían escuchar las palabras sabias que salían de su boca. Incluso otros solo deseaban ver a este hombre quien era aclamado por algunos como el Mesías. ¿Recuerda a los amigos del paralítico? Su historia se relata en Marcos 2:1–12. Fueron quienes hicieron una abertura en el techo de la casa donde Jesús estaba e hicieron descender a su amigo en una camilla, porque era la única manera que tenían de acercarse a Él. Esto nos brinda una idea bastante clara acerca de la multitud que Jesús atraía.

Sin embargo, a pesar de la multitud que se acercaba para ver a Jesús, a menudo Él buscaba una oportunidad para alejarse a un lugar tranquilo a fin de poder tener comunión con su

Padre. Claramente, sus discípulos solían ver a Jesús en oración porque estos le pidieron: "Señor, enséñanos a orar" (Lucas 11:1). Debido a que Jesús pasaba tanto tiempo con su Padre, podía afirmar: "Ciertamente les aseguro que el hijo no puede hacer nada por su propia cuenta, sino solamente lo que ve que su padre hace, porque cualquier cosa que hace el padre, la hace también el hijo. Pues el padre ama al hijo y le muestra todo lo que hace" (Juan 5:19–20). Nuevamente le digo, si permanece conectado con Jesús y hace uso de la autoridad que le ha sido dada, podrá hacer las mismas obras que Jesús hizo.

Atrévase a caminar en el poder

Ahora bien, quisiera que entienda que cuando veo a alguien que necesita sanidad, no me detengo a preguntar: "¿Padre, es tu voluntad que ore por él?". En cambio, el hecho de que pueda reconocer que alguien necesita sanidad demuestra que tengo el corazón del Padre, y sé que su voluntad es siempre traer sanidad. Mi deber es participar con Dios en lo que hace para suplir las necesidades de las vidas de las personas. Cuando estoy sincronizado con Dios, sé lo que debo hacer. A raíz de que paso tiempo con Jesús, comienzo a aceptar sus deseos, y cuando actúo en conformidad con esos deseos al orar por las personas, reciben sanidad de inmediato.

También es verdad que no siempre oro por cada persona enferma o herida que veo. Mi esposa no me permite ministrar a las personas cuando tenemos una cita, por ejemplo. Estoy de acuerdo, porque necesito concentrarme en ella esas noches, y permitir que Dios me use para demostrarle cuán valiosa es como mi esposa y como su hija.

Dios moverá su corazón a compasión por aquellas personas que necesitan con desesperación escuchar una palabra por parte de Dios, y Él lo guiará para saber qué decirles. Verá a personas entrar en el reino de Dios en la medida en que se atreva a hacer señales y maravillas. Él lo respaldará. Cuando está sincronizado con Dios y le da un empujón o una directiva específica para orar por alguien, lo veo como un incentivo.

He escuchado a personas decir que están esperando un mover de Dios. Pero la realidad es que Él está esperando que *nosotros* nos movamos. Al igual que la mujer indigente quien desconocía que era millonaria, debemos reclamar nuestra verdadera identidad.

Jesús dijo que si nos avergonzamos de Él, también Él se avergonzará de nosotros cuando venga a la tierra con sus ángeles (vea Marcos 8:38). Cuando escucho a creyentes orar como si trataran de operar en modo invisible, me pregunto si están luchando contra esa vergüenza. No podemos someternos al temor de hacer el ridículo si oramos por alguien y no es sanado. Esa clase de pensamiento solo obra en contra del proceso de señales y maravillas.

Creo que la Iglesia ha oído demasiados sermones sobre la autosuperación y el mejoramiento personal. Asimismo, creo que una dieta constante de estos tópicos conduce a la autopreservación. La misma significa la muerte de la fe para la Iglesia. Después de todo, Jesús dijo: "Porque el que quiera salvar su vida, la perderá; pero el que pierda su vida por mi causa, la encontrará" (Mateo 16:25).

Es casi como ver que alguien necesita sanidad y le susurramos: "Veo que necesita oración; pero sé cuán embarazoso puede ser que le oren en público. Así que acérquese aquí, detrás de este árbol o detrás de esta pared para que nadie pueda vernos, y oraré por usted. De esta forma no será avergonzado".

A la gente no le gusta ser vista cuando oran por sanidad porque temen que nada ocurra. Cuando alguien necesita oración, dicen: "Te tendré presente en mis oraciones", pero no se detienen y dicen: "Permítame orar por usted ahora mismo". De este modo, eliminan el riesgo que la fe verdadera requiere.

La fe, no obstante, se deletrea R-I-E-S-G-O. Dios desea que caminemos en nuestra identidad original y que actuemos osadamente. ¿Por qué? Porque Jesús actuó de esa manera. Si nos mantenemos conectados a la fuente de energía, entonces estaremos dispuestos a vivir una vida arriesgada—una vida de fe—y, como resultado, milagros sucederán.

Tenemos que estar dispuestos a arriesgarnos en aras del reino de Dios, aunque seamos avergonzados.

Esta es la verdad: Estamos destinados a ser audaces, valientes y fuertes cuando llevamos a cabo las obras de Jesús. Se supone que no debemos escondernos. Debemos sobresalir y ser lumbreras en el mundo; pero esto solo puede suceder si estamos dispuestos a permanecer enchufados y presionamos el interruptor.

¿Ha experimentado un poder semejante?

No hace mucho tiempo, mi hijo Judah estaba en una hamburguesería cuando se encontró con otro niño de su edad quien tenía una pierna fracturada. La pierna del niño estaba enyesada desde los dedos del pie hasta la rodilla, y andaba con muletas.

"¿Qué sucedió?", le preguntó Judah.

"Me fracturé la pierna hace algunos días", respondió el niño.

"¿Te duele si haces presión sobre la misma?".

"Sí, me duele".

"Bueno", dijo Judah, "si me permites orar por ti ahora mismo, Jesús sanará completamente tu pierna. Quiere mostrarte cuánto te ama y desea tener una relación contigo. Entonces, ¿puedo orar por ti?".

El otro niño se encogió de hombros. "Está bien, supongo".

Judah le pidió al niño que pusiera algo de peso sobre su pierna para intensificar el dolor, a fin de que pudiera medir el progreso de sanidad tras la oración. El niño mencionó que en una escala del uno al diez, el dolor excedía a doce.

"¡Oigan, todos!", Judah exclamó, llamando la atención de todos en el restaurante. "¿Quieren ver a alguien ser sanado? Acérquense aquí. ¡Un milagro está a punto de suceder!".

Aproximadamente otros diez niños se acercaron para ver qué estaba sucediendo. Uno de ellos se mostró claramente escéptico.

"Soy ateo", dijo. "No creo en estas cosas".

"Oh, entonces debes colocarte bien cerca", dijo Judah.

¿Qué estaba haciendo Judah? Estaba actuando por fe. Creó una atmósfera de expectativas y fe al aumentar las condiciones de riesgo. Cuando le dijo al niño con la pierna fracturada: "Dios te va a sanar ahora mismo a fin de que sepas que te ama y desea una relación contigo", Judah no estaba librando una palabra profética, sino incrementando el riesgo. Recuerde, fe se deletrea R-I-E-S-G-O.

No obstante, algo que él *no* hizo fue poner a Dios a prueba. Judah sabe que la voluntad de nuestro Padre celestial es impartir sanidad y tenía plena confianza en que Dios respondería con compasión y misericordia.

La autopreservación dice: "Escabúllase y ore por alguien que no esté a la vista si no está seguro de que Dios responderá". Pero el riesgo dice: "Ponga más personas en la fila. Consiga más público". Si se siente un poco asustado o nervioso, es exactamente cuando debe imaginarse al riesgo, o la fe, como una válvula y comenzar a abrirla. El esconderse para orar por alguien solo hace que la válvula del riesgo se cierre.

Aquel día, Judah oró por el niño de la pierna fracturada. Después de la primera oración, el nivel de dolor descendió de un doce a un dos. Luego, Judah oró una segunda vez y el dolor desapareció completamente. Aquel jovencito comenzó a caminar sin sus muletas, colocando todo su peso en la pierna afectada y no sintiendo ningún dolor.

Judah se dio vuelta para mirar al grupo de espectadores.

"Al Jesús sanar la pierna de este niño, los está invitando a tener una relación con Él", afirmó. "Ahora bien, ¿les gustaría responder a la invitación de Jesús?".

Y todos los que estuvieron viendo, incluso el niño ateo, fueron impactados por Dios.

¿Cree en el poder sanador?

Hace poco, una mujer se me acercó y me contó que su hijo creía que el tiempo de los milagros había terminado.

"No cree que los milagros sean reales", dijo. "¿Lo llevaría a las calles con usted?".

Esta clase de personas cree que las señales y maravillas fueron usadas para establecer la iglesia en el siglo primero, pero que desde entonces han dejado de existir. Esta teoría se basa en una interpretación errónea de 1 Corintios 13, en donde Pablo dice:

> El amor jamás se extingue, mientras que el don de profecía cesará, el de lenguas será silenciado y el de conocimiento desaparecerá. Porque conocemos y profetizamos de manera imperfecta; pero cuando llegue lo perfecto, lo imperfecto desaparecerá.
>
> Versículos 8–10

Sin embargo, el hijo de esta mujer estaba dispuesto a ir conmigo a las calles de la ciudad para verme ministrar a la gente. Estuvo a mi lado cuando compartí una palabra específica de parte de Dios y vio suceder algunas sanidades.

Estaban con nosotros varios miembros de un equipo profesional de filmación, quienes hacían un documental sobre el mensaje de identidad que enseño. Tiffany, una de las camarógrafas y creadoras de la película, notó a un hombre sordo quien repartía tarjetas con el alfabeto en lenguaje de señas para donaciones. Me acerqué hasta él y comencé a hablarle por señas, algo que aprendí desde jovencito en la iglesia de mi padre.

Si bien me faltaba práctica para comunicarme por medio de señas, el hombre me entendió cuando le pregunté si tenía alguna necesidad física por la que pudiera orar. Me respondió que sufría de dolores intensos en sus pies.

Oré por él dos o tres veces antes de que una sonrisa apareciera en su rostro y me dijera que el dolor había desaparecido.

Posteriormente, le pedí al joven que me acompañaba que orara para que la audición de este hombre fuera restaurada. Recuerde que este jovencito no creía que las sanidades tuvieran lugar en nuestro tiempo. Con cierta renuencia, colocó su mano en las orejas del hombre y comenzó a orar.

Oró una vez. Nada sucedió.

Oró dos veces, y nuevamente nada.

A la tercera vez, el hombre sordo miró sorprendido. Algo definitivamente estaba sucediendo.

Mi joven amigo volvió a orar y uno de los oídos sordos de este hombre fue abierto. Su rostro se iluminó con una amplia sonrisa al darse cuenta de que estaba escuchando por primera vez en su vida.

Comenzaba a girar su cabeza ante cada sonido. "¿Qué fue eso?", repetía. Su audición fue restaurada.

Debo hacer una pausa aquí y decirle que la sanidad no siempre sucede con la primera oración. Pero si continúa orando, el milagro sucederá, aun si tomara semanas, meses o años, aunque en mi experiencia personal esto es infrecuente. En mi encuentro con el hombre sordo, al igual que con Judah y el niño con la pierna fracturada, fue necesario orar más de una vez. (A propósito, siempre que oro por alguien, le pido que sea honesto y no amable conmigo. No quiero que nadie me diga que ha sido sanado si en realidad no fue así).

De más está decir, el joven que me acompañó a ministrar ya no cree que el tiempo de los milagros haya terminado. Su hermana me envió un mensaje por Facebook luego de aquel episodio, el cual decía: "Mi hermano es quien ayudó a sanar al hombre sordo. Quedó completamente impactado después de eso, así que gracias por ser tan asombroso".

Jesús es y siempre será el mismo, ayer, hoy y por siempre. Esa descripción de *asombroso* es un reconocimiento de la identidad de Cristo en nosotros. Él es asombroso. ¡Y Él está en nosotros!

¿Puede aumentar el poder?

Hemos hablado sobre el hecho de que Dios creó a los seres humanos para reinar en el mundo; pero no podemos aprender a gobernar sin antes estar en comunión con Él. A fin de poder reinar, debemos conocer y vivir en nuestra verdadera identidad. No proviene de lo que se debe o no se debe hacer, sino de la gracia del ser.

Si es padre, piense en cómo ha enseñado a sus hijos a tener dominio sobre ciertos aspectos de sus vidas. Cuando vinieron por primera vez al mundo, era necesario hacer todo por ellos. Luego, le enseñó a hacer cosas por ellos mismos, como cepillarse los dientes y asegurarse de que sus zapatos estén en los pies correctos. Finalmente, le otorgó todo el control para que se vistieran solos. Al principio, quizás no siempre lo hacían bien. No entendían aún que una camisa con rayas verticales no combinaba con pantalones a cuadros. Sin embargo, con su paciencia e instrucción, fueron mejorando.

En la medida en que demostraban responsabilidad en esa área de la vida y continuaban creciendo, expandía sus responsabilidades al permitirles encargarse de sus habitaciones. Como les instruyó y trabajó junto a ellos, aprendieron a hacer sus camas, recoger sus juguetes y mantener la limpieza y el orden. Y así sucesivamente hasta que maduran y alcanzan el punto de estar preparados para salir solos al mundo.

Ocurre lo mismo en nuestra vida con Dios. Necesitamos crecer en nuestra habilidad para gobernar y reinar sobre más y más aspectos de la vida. Y debemos demostrar que estamos listos para asumir tal responsabilidad.

Es como la parábola de los talentos que Jesús relata en Mateo 25. Un hombre rico emprende un viaje y deja a tres de sus siervos para que se encarguen de sus bienes. A uno le da cinco bolsas de oro, a otro dos bolsas y el tercero recibe solo una.

Cuando el señor de estos siervos regresa de su viaje, descubre que los primeros dos siervos han invertido y duplicado aquello que les encomendó. El tercer siervo tomó su bolsa y la enterró a fin de poder devolverle la misma cantidad que le fue dada.

El hombre rico le dijo a los dos primeros siervos: "¡Hiciste bien, siervo bueno y fiel! En lo poco has sido fiel; te pondré a cargo de mucho más" (Mateo 25:21). Pero se enfureció con aquel que no había utilizado aquello que le fue encomendado.

Este pasaje nos enseña que Dios espera que usemos los talentos y los dones que nos ha dado. El ladrón de identidad, por otra parte, busca que enterremos nuestros talentos en la tierra y que actuemos como personas "normales".

Sin embargo, Jesús nos llamó a ser extraordinarios. En otra parte de los evangelios, Él dice:

"Vayan por todo el mundo y anuncien las buenas nuevas a toda criatura. El que crea y sea bautizado será salvo, pero el que no crea será condenado. Estas señales acompañarán a los que crean: en mi nombre expulsarán demonios; hablarán en nuevas lenguas; tomarán en sus manos serpientes; y cuando beban algo venenoso, no les hará daño alguno; pondrán las manos sobre los enfermos, y éstos recobrarán la salud".

Marcos 16:15–18

Esta es la vida cristiana normal, y es para nosotros, mientras permanezcamos conectados a la fuente de energía. Cuando actuemos por fe, Él ensanchará nuestras habilidades y dones, hasta el punto de ver al cojo caminar, al ciego ser sanado e, incluso, ¡a los muertos resucitar!

A través de la parábola de los talentos, Jesús nos concede el permiso para explorar la altura, la profundidad y la anchura de la autoridad y del poder, los cuales Él restauró para nosotros en la cruz. Jesús le está diciendo: "Ve por ellos, y mira lo que espera por ti".

¡Sea arriesgado! ¡Sea valiente! Cada victoria alcanzada le dará fe para una próxima victoria mayor. Y cada derrota lo equipará con la experiencia y fortaleza que necesita para no rendirse, sino volver a intentarlo y crecer.

6

DESENMASCARE A SATANÁS

Pero si andamos en luz, como él está en luz, tenemos comunión unos con otros, y la sangre de Jesucristo su Hijo nos limpia de todo pecado.

1 Juan 1:7, RVR1960

Scott y su esposa se congregaban fielmente en la iglesia que pastoreaba. Eran una pareja atractiva de alrededor de veinticinco años, quienes amaban a Jesús y estaban altamente involucrados en las actividades de la iglesia. Eran jóvenes, entusiastas y prestos a ayudar cuando alguien lo necesitaba. En resumen, eran la clase de personas que toda iglesia necesita.

Muchos de los miembros de nuestra iglesia provenían de entornos complicados. Algunos habían integrado pandillas. Otros habían vencido adicciones de drogas y alcohol. Algunos habían sido indigentes y luchado por sobrevivir en las calles. Pero Jesús los rescató y los sacó de las tinieblas a la luz de su maravilloso amor.

No sabía mucho sobre el pasado de Scott, pero parecía que tanto él como su esposa fueron atraídos a nuestra iglesia porque sentían una conexión con la comunidad y un sentido de seguridad de algún modo. Sin embargo, lo que sí sabía era que su futuro era prometedor.

Entonces, un cierto día, luego de uno de nuestros servicios

de adoración, me hizo a un lado y me preguntó si podía hablar conmigo en privado.

"Por supuesto", dije.

Tan pronto como el santuario quedó vacío, lo conduje hasta mi oficina y lo invité a tomar asiento.

"¿Qué está pasando por tu mente?", le pregunté.

Se movió un poco, claramente considerando cómo expresar aquello que quería contarme. Después de un momento, simplemente lo soltó.

"Todos me llaman Scott", dijo, "pero no soy Scott".

No estaba seguro de si había escuchado bien. "¿A qué te refieres?", le pregunté.

"No soy Scott", repitió. "Scott está muerto".

Ahora realmente había captado mi atención.

"Scott se llamaba un joven que está muerto", me explicó.

"Era de mi edad. Crecimos en la misma área. Pero mi vida era tan mala que decidí que no había otra cosa por hacer que cambiar mi identidad. Entonces…".

"Asumiste la identidad de Scott".

Asintió. "Necesitaba un nuevo comienzo, y no sabía qué más hacer. Hice cosas tan horribles que si las autoridades me encontraran, me encarcelarían por un largo tiempo. Ni siquiera mi esposa sabe quién en verdad soy. Solo conoce a Scott. No tiene idea de que el apellido que lleva no es mío".

En ese momento, su esposa llama a la puerta, buscándole. "¿Scott?", le escucho decir.

Él mueve su cabeza y suspira. "No soy yo. Estoy viviendo una mentira y nadie conoce mi verdadera identidad".

Desearía decir que esta historia tiene un final feliz. Lamentablemente, no es así. No hubiese sido fácil para Scott desenredarse del desastre en que se había metido. Existían consecuencias, y no estaba dispuesto a enfrentarlas. Por tanto, continuó usando una máscara y pretendiendo ser alguien más.

El ladrón de identidad se complace en esto. Le agrada cuando mantenemos nuestro verdadero yo escondido del mundo. Es imposible tener una relación real con alguien que desconoce quiénes somos en realidad. Pero existe un poder tremendo que proviene de vivir en completa honestidad cuando compartimos con otros quienes somos. Esta constituye la única manera en la que podemos volver a convertirnos en la sal y la luz que Dios dispuso que seamos.

Scott vio la luz en nosotros, en la iglesia. Era vida para su ser, pero al mismo tiempo expuso la vida falsa que llevaba. Al venir a mí, estaba diciendo: "Ayúdame a convertirme en el verdadero ser que Dios quiere que sea".

Solo tenía que levantarse y hacerlo. Desafortunadamente, no tuvo la fuerza para lograrlo.

Una vida sin disfraces

Antes de adentrarme en este punto, quisiera señalar algo que Scott hizo y que fue completamente acertado. Todos cometemos errores en nuestras vidas; por tanto, todos necesitamos un nuevo comienzo. La única manera de conseguirlo es tomar la identidad de un hombre que haya muerto. Por supuesto, me refiero a Jesucristo, quien murió en la cruz para perdonar nuestros pecados y limpiarnos de toda maldad.

Somos una nueva creación, como expresa Pablo en 2 Corintios 5:17: "Por lo tanto, si alguno está en Cristo, es una nueva creación. ¡Lo viejo ha pasado, ha llegado ya lo nuevo!". También escribe: "He sido crucificado con Cristo, y ya no vivo yo sino que Cristo vive en mí. Lo que ahora vivo en el cuerpo, lo vivo por la fe en el Hijo de Dios, quien me amó y dio su vida por mí" (Gálatas 2:20).

Jesús nos concede a todos la oportunidad de comenzar de

nuevo; pero no nos da un disfraz para escondernos. Por el contrario, nos ha libertado para convertirnos en quienes verdaderamente somos, a quienes Dios predestinó. Desearía poder decir lo mismo sobre la elección de Scott.

Resulta de vital importancia caminar en esa libertad que Jesús nos ha dado. Lamentablemente, los cristianos no siempre lo logran. Fracasan porque el ladrón de identidad conoce sus debilidades, y es allí donde ataca. Algunos son tentados por el placer del sexo ilícito, otros por la ambición del poder, dinero o reputación.

Ocasionalmente, hay personas que me cuentan que nunca pisaron una iglesia porque han conocido a cristianos hipócritas. Cuando escucho eso, pienso: *Pero probablemente también haya un montón de hipócritas en tu restaurante favorito. ¿Eso te impide ir allí para disfrutar de una comida deliciosa?* Tampoco debería impedirnos ir a la iglesia para entender y encontrar nuestra verdadera identidad.

Además, tengo la impresión de que muchas personas a quienes podríamos considerar hipócritas, realmente no lo son. Son personas que verdaderamente sienten un llamado de vivir para Jesús. Es lo que desean hacer. Sin embargo, han sido víctimas del ladrón de identidad. Eso no las convierte en hipócritas cuando se sientan en la iglesia y alaban a Dios, porque esa es su verdadera identidad. Es quienes son en realidad. Cuando caen en las trampas del pecado, es allí cuando usan una máscara. Es allí cuando son hipócritas. Satanás es quien sabe todo acerca de máscaras. Nos mantiene alejados de nuestra verdadera identidad y viviendo dentro de una mentira.

Una vida destinada a la libertad

Satanás es astuto en sus tácticas. Debemos estar alertas en todo tiempo o, de lo contrario, corremos el riesgo de caer en su sistema de máscaras.

Es lo que le aconteció a mi padre luego de muchos años de servir a Jesús. Después de todo lo bueno que hizo, atravesó por un período en donde se encontró atrapado por el ladrón de identidad. De hecho, sería el primero en decirle que su vida constituye un buen ejemplo de lo que puede suceder cuando le permitimos a Satanás engañarnos al pensar que está bien esconder quiénes en verdad somos. No es posible; como tampoco podemos escondernos de la presencia de Dios.

Antes de continuar con esta historia, es importante que sepa que mi padre y yo tenemos una muy buena y cercana relación. Hemos tenido encontronazos muchas veces—es característico de los Dawkins—pero diría que somos mejores amigos. También quisiera que sepa que mis padres son personas maravillosas quienes aman al Señor con todo su corazón. Desde que era un jovencito, mi padre tenía una pasión por compartir con otros acerca de Jesús. Era un predicador poderoso y persuasivo, quien ganó cientos, quizás miles, de almas para Cristo.

Ya sabe que mis padres eran misioneros en Japón cuando nací. Mis primeros recuerdos están todos relacionados con el ministerio. Esta es la razón por la que mis hermanas y yo pudimos pasar momentos memorables con nuestros padres. No habría tenido más de cuatro o cinco años cuando formaron un grupo de música familiar llamado Bob, Rose y los capullos para predicar las Buenas Nuevas de salvación por medio de Cristo. (El nombre de mi padre era Bob y mi madre se llamaba Rose. Mis hermanas y yo éramos los capullos). Tocábamos en el club de reuniones Kiwanis, en eventos e incluso aparecíamos en algunos programas de televisión.

Mi padre era un emprendedor quien siempre estaba haciendo cosas grandes. Ninguno de sus planes fue destinado a incrementar sus bienes personales. Todo lo que llevaba a cabo era para extender las fronteras del reino de Dios. Y por mucho tiempo, parecía que todo lo que hacía prosperaba.

Para citar un ejemplo, después de regresar de Japón, mi familia se involucró en un ministerio que comenzó siendo una casa de estudio bíblico en Dallas, Texas, y que rápidamente se transformó en una comunidad cristiana y una escuela bíblica. Una de las funciones de mi padre en su cargo de director de relaciones públicas para el ministerio internacional era reclutar estudiantes, y realmente se destacaba en su labor. Tenía un don para motivar a la gente e inculcarle esa pasión para vivir para Cristo.

Al mismo tiempo, no se cansaba de presionar a otras personas del ministerio para comenzar un canal de televisión a fin de difundir el evangelio. También creía que Dallas necesitaba con desesperación un canal que transmitiera buenos programas morales, los cuales las familias pudieran sentarse a mirar juntos. A la mayoría de los amigos de mi padre, les habrá parecido un sueño descabellado. Sé lo que yo diría si alguien me hablara acerca de comenzar un canal de televisión: "¿Tienes idea de cuánto costaría? Y, de todos modos, ¿qué experiencia tengo sobre manejar una emisora de televisión?".

Como de costumbre, mi padre no era fácil de disuadir. Recaudó casi todo los fondos por su cuenta, la mayor parte de los mismos provinieron de cristianos multimillonarios de la zona de Dallas. ¡Qué día emotivo cuando KXTX Canal 33 TV salió al aire por primera vez! Más tarde, dicho canal se convertiría en una de las primeras emisoras locales de la Christian Broadcasting Network [Red de televisión cristiana] perteneciente a Pat Robertson.

Todo iba bien en Dallas. El ministerio crecía, el colegio tenía muchos estudiantes y el canal de televisión estaba al aire. Todos los días, nuevas almas eran ganadas para Jesús.

Entonces, el ladrón de identidad atacó.

El líder principal del ministerio cayó en la tentación de una relación extramatrimonial. Este hecho parecía no concordar para nada con su carácter. Todos se sorprendieron al escuchar la noticia. Pero sucedió, y el ministerio entero lentamente se disolvió.

Partimos de Texas hacia Georgia, en donde mi padre había pasado su infancia.

Ahora, además de ser apasionados por el evangelio, mis padres sentían un profundo amor por la gente de color. A pesar de que mi padre fue criado en el sur, siempre aborreció toda forma de racismo, y mi madre se sentía aún más apasionada sobre ello.

Nuestra iglesia y la escuela se ubicaban justo en la línea divisoria entre el área de los blancos y de los negros. Hacia nuestro norte, todo era blanco; y hacia el sur, todo era negro. Mi padre estaba encantado con la ubicación de la iglesia, porque le otorgaba la plataforma perfecta desde la cual llevar el evangelio a las comunidades negras.

Dicha ubicación también nos colocó en el centro de mucha tensión y conflictos raciales. Experimentamos resistencia y odio tanto por parte de los negros como de los blancos, pero ese era el precio que mis padres estaban dispuestos a pagar. Mi padre siempre ha sido un ferviente partidario del movimiento de los derechos civiles y, como podrá imaginarse, no tenía mucha aceptación con algunos de nuestros amigos en Atlanta. De hecho, nuestra iglesia perdió varios miembros a causa de la postura de mi padre frente a las relaciones raciales. Admiro a mis padres por eso.

En el tiempo previo a que el castigo corporal fuera ilegal, mi madre era la encargada de la disciplina en la International Life Corps Academy, la escuela que comenzaron en Baptist Chapel. En 1970, recuerdo que azotó alrededor de treinta estudiantes, en su mayoría blancos, pero también algunos negros, por usar la palabra que comienza con *N*. Mis padres simplemente no toleraban el racismo, y sí, perdimos algunos estudiantes a causa de eso.

Una vez, mi padre llevó a algunos niños al Underground Atlanta. En aquella época, la ciudad subterránea se caracterizaba mayormente por sus bares y clubes nudistas. Mi padre le dijo a mi amigo Jerry Snyder: "Esta noche, vamos a transformar mendigos en príncipes. No saben quiénes son en verdad. Debemos mostrárselo esta noche".

Antes de que cayera la noche, catorce personas habían aceptado a Jesús con la ayuda de Jerry. Él esperaba que solo fuera uno.

Poco después de esto, mi padre olvidó quién era en Cristo. Del mismo modo que había sucedido con el líder de aquel ministerio en Texas, mi padre se involucró en una relación extramatrimonial. Y tan pronto como ocurrió, hubo un cambio notable en el ministerio. Algunas personas se marcharon de la iglesia, y todo comenzó a desmoronarse.

Mi padre perdió la libertad que Dios destinó para él, cuando el ladrón de identidad lo engañó para tener una doble vida, una vida de máscaras.

Una vida necesitada de la verdad

La caída en adulterio de mi padre fue con una mujer que ya había seducido a otro pastor en nuestra ciudad. Mi padre desconocía por completo este hecho, y cuando se le aproximó, cayó en su trampa.

Aún me impresiona y me duele ver a aquellos que han caminado con Jesús por años, personas como mi padre, quienes se preocupan tanto por las personas perdidas y heridas y que han construido reputaciones impecables, perder todo por un momento de debilidad. Pero es lo que sucedió con mi padre, a pesar del hecho de que él y mi madre tenían una relación saludable. No había discordia entre ellos. Sin embargo, la sensación de tener una aventura se asemejaba a una descarga de adrenalina. Proverbios 9:17 lo expresa con exactitud: "¡Las aguas robadas saben a gloria! ¡El pan sabe a miel si se come a escondidas!".

A mi entender este primer amorío se dio solo una vez. Creía que esta mujer lo había conquistado, que era alguien que se deleitaba en hacer pecar a los pastores.

No obstante, el ladrón de identidad tenía atrapado a mi padre, y le siguieron otras caídas en adulterio.

Los primeros años resultaron difíciles para nuestro ministerio y nuestra familia. Era como estar subido a una montaña rusa. La iglesia había comenzado a crecer en número y en favor espiritual, pero entonces, sin razón aparente (o por lo menos lo que pensábamos), todo comenzó a empeorar. La gente se mudaba. Algunos cambiaban de iglesia. Y veíamos la asistencia de nuestra congregación descender abruptamente.

Antes de que mi padre cayera en pecado, había gozo en Baptist Chapel. La iglesia estaba llena de jóvenes, parecía que todos estábamos en una balsa remando río abajo. Todo era fácil. Después de su aventura, era como si tratábamos de luchar contra la corriente. Nada era sencillo. Recuerdo a mi padre decir vez tras vez: "¿Por qué no podemos tener un descanso?".

Ahora entiendo que lo que sucedía en Baptist Chapel era un reflejo del comportamiento de mi padre. Ocasionalmente, comenzaba a ayunar, orar y tratar de salir de su estilo de vida pecaminoso. Cuando eso ocurría, la iglesia empezaba a prosperar. Luego, volvía a caer en la tentación, y todo comenzaba a desmoronarse de nuevo. Por años, continuó viviendo en pecado, tratando de mantenerlo oculto, en vez de arrepentirse y permitir que Dios lo perdonara y lo restaurara. Algunas personas fueron engañadas, pero Dios lo ve todo.

Asimismo, debido a que mi padre sabía que no estaba viviendo conforme a los propósitos de Dios para su vida, comenzó a descuidar sus lecturas bíblicas. Su oración ya no era tan poderosa. Sus sermones dejaron de ser tan dinámicos como solían serlo. A veces, parecía que ni siquiera estaba preparado para predicar. De mismo modo que su vida espiritual sufría, también lo hacía la vida espiritual de iglesia.

Cuando miro en retrospectiva aquellos años, veo que una de las cosas que mi padre hizo y que hirió a nuestra iglesia fue tratar de frustrar los dones espirituales de mi madre. Mi madre tenía dones muy fuertes de adoración, de enseñanza y de profecía, los cuales Dios usaba para bendecir a la gente y atraerlos a Él. Pero a raíz de que mi padre no estaba viviendo en su verdadera identidad, creo que de algún modo tenía miedo del don de profecía de mi madre. ¿Qué pasaría si Dios hablara por medio de ella y lo dejara expuesto ante la congregación y su familia? Así que a menudo la interrumpía o la ignoraba cuando tenía algo que decir. Estaba haciendo algo que la Biblia nos advierte no hacer: "No apaguen el Espíritu" (1 Tesalonicenses 5:19).

Esta situación continuó por trece años o más. Inició cuando yo tenía alrededor de siete años y continuó hasta mis veintiún años, cuando mi padre confesó su pecado a mi madre, a mis hermanas, a mí y a nuestra iglesia, con muchas lágrimas derramadas y mucha angustia. Mi madre todo el tiempo supo lo que estaba sucediendo; sin embargo, nunca le dijo nada a nadie, excepto a mi padre. De hecho, nunca escuché a mi madre hablar mal de nadie. Esto era parte de su carácter devoto.

Ocurrió que el Señor le mostró a mi hermana mayor Debbie que algo estaba pasando con una de las mujeres involucradas con mi padre. Debbie sintió que esta mujer estaba participando en pecados sexuales y que el Señor la llamaba de regreso a su luz. Cuando Debbie se le acercó, la mujer confesó su aventura con mi padre. Debbie luego habló con mi padre, y terminó confesando.

Desde entonces, mi padre ha hablado públicamente sobre sus batallas contra el pecado. Ha usado su experiencia como una oportunidad para hablar con los hombres sobre la importancia de la fidelidad y la pureza. Una vez más, Dios ha encaminado a bien aquello que el ladrón de identidad pensó para mal.

He aprendido de los errores de mi padre que resulta de vital importancia vivir en la pureza que Cristo nos proporcionó por medio de la cruz. Cuando el pecado trata de entrar, y así será, debemos exponer los ataques del enemigo. No necesitamos pedir el perdón de Dios si no hemos actuado bajo ninguno de esos pensamientos pecaminosos. En cambio, debemos reconocer esos pensamientos como dardos de fuego que el ladrón de identidad arroja contra nosotros. Siempre que esto me sucede, suelo pedirle a un buen amigo cristiano que ore por mí. Podría decir: "El enemigo realmente está queriendo hacerme tropezar. Quisiera que estés orando por mí y luchando conmigo en oración, a fin de que pueda apartarme de esto".

Creo que esto es lo que Jesús hizo, porque la Escritura dice que nunca pecó, pero que fue tentado en todo: "Precisamente porque él mismo fue puesto a prueba y soportó el sufrimiento, puede ahora ayudar a quienes están siendo probados" (Hebreos 2:18, BLP).

Si ha caído en pecado, es importante que pueda hablar con una persona de confianza quien lo ayude a regresar a la luz de la verdadera identidad que Dios tiene para usted. ¿Recuerda cómo Adán y Eva trataron de esconderse de Dios en el huerto de Edén, porque de pronto se dieron cuenta de que estaban desnudos? En la Biblia se encuentran numerosas historias sobre personas que trataron de ocultarle algo a Dios. Simplemente, no funciona. Dios nos formó para quitarnos nuestras máscaras y vivir a la luz de la verdad.

Una vida libre de máscaras

La mayor parte del tiempo, el ladrón de identidad trata de llevarnos a lugares ocultos, y luego intenta mantenernos allí. Al igual que las hojas de la higuera en el huerto de Edén, las máscaras que usamos nos proporcionan un sentido falso de oscuridad. Las hojas significaban el intento de Adán y Eva por mezclarse, permanecer ocultos, y hoy usamos máscaras con el mismo sentido.

Cuando nos quitamos las máscaras y hablamos verdad, dejamos expuesto al ladrón de identidad. En vez de identificarnos con nuestro pecado, nos identificamos con el Salvador, quien nos redimió y nos restauró.

En vez de ocultarse detrás de una máscara, le imploro que destruya esa imagen falsa y luego levántese y diga: "Esto sucedió, y necesito hablar con la verdad, a fin de poder vivir en la identidad que Dios me ha dado". Le puedo asegurar que sentirá una gran libertad y lo hará volver a la senda de la vida. El quitarse su máscara es lo mejor que puede hacer en la guerra contra el ladrón de identidad.

7

ENTRE EN EL HORNO DE DIOS

Porque yo sé muy bien los planes que tengo para ustedes—afirma el Señor—, planes de bienestar y no de calamidad, a fin de darles un futuro y una esperanza.

Jeremías 29:11

Estaba llevando a cabo una conferencia en la región central cuando una mujer de unos treinta años se puso de pie para compartir su testimonio. Ninguno estaba preparado para escuchar su primera frase.

"Mi padre es pedófilo", expresó.

Antes de que pudiéramos asimilar sus palabras, continuó diciendo: "De hecho, todos mis hermanos y yo, así como también otros niños, fuimos abusados sexualmente por mi padre. Nos abusó toda nuestra vida. Nos enseñó cómo encubrirlo a fin de que nadie se enterara".

Todos los oradores nos inclinamos hacia adelante en nuestros asientos, pensando: *¡Ay, no! Tiene el micrófono, y este servicio realmente se va a venir abajo.* No teníamos idea de a dónde estaba yendo. Pero a su vez sabíamos que no podíamos, ante tal declaración inesperada, decir: "Gracias por compartir tu testimonio".

Hice una oración en silencio para que Dios llevara esta conversación en una dirección que beneficiara a todos, y asentí para que continuara.

"No había visto a mi padre por aproximadamente quince años", continuó diciendo la mujer, "pero oí que estaba en el hospital, a punto de someterse a una cirugía importante. Así que después de escuchar el mensaje de Robby sobre la verdadera identidad, decidí ir al hospital a verlo".

Continuó diciendo que cuando llegó al hospital, estuvo cerca de darse la vuelta y marcharse. Mientras se encontraba parada en el corredor, afuera de la habitación de su padre, podía escucharlo decir comentarios obscenos y provocativos a las enfermeras que lo asistían.

"Veía a las enfermeras salir sintiendo repulsión y asco por los comentarios que les hacía". Tragó el nudo que se le había formado en la garganta. "Comencé a sentir repugnancia y desagrado. ¿Quería realmente que estas enfermeras supieran que este hombre horrible era mi papá?".

Sin embargo, se dijo a sí misma que había llegado tan lejos y que no quería retroceder ahora. Oró por fortaleza y valentía, y luego entró en la habitación.

Su padre la miró y dijo algo como: "Oye, preciosa, ¿qué estás haciendo aquí?". Había transcurrido tanto tiempo que ya no reconocía a su propia hija.

Caminó directo hacia él y dijo: "Soy yo. Soy tu hija".

El hombre quedó boquiabierto. Era la última persona que esperaba ver.

"No eres la persona quien debes ser", le dijo. "Debes ser un hombre de Dios quien ama y protege a sus hijos, un hombre quien ve a sus hijos como un tesoro precioso. Fuiste creado para ser un hombre de Dios. Ahora, levántate hombre de Dios. Levántate de esta mentira que has creído sobre ti mismo".

Las palabras de la mujer penetraron en el corazón de su padre, y comenzó a llorar. Sabía que ella estaba en lo cierto. No había vivido conforme a la identidad que Dios le había dado. Sus palabras trajeron convicción sobre su verdadera identidad y expusieron la naturaleza pecaminosa que Satanás lo había llevado a abrazar. Allí mismo, aceptó a Cristo en respuesta a la invitación de su hija, a quien había violado hacía tantos años.

Mientras oraba con él, los sentimientos de esta mujer hacia su padre comenzaron a menguar.

"Crecí odiando a mi padre", nos dijo. "Pero comencé a llorar sobre el hombre que mi padre debió haber sido y en quien ahora se estaba convirtiendo".

¿Qué sucederá con este hombre y su hija? ¿Podrán construir una relación decente después de todos estos años? No puedo asegurar que lo logren. Pero creo que en la medida en que ella pueda ver más allá de cómo desperdició su vida, y del dolor que le provocó a sus hijos y, en cambio, pueda verlo de la manera en que Dios lo ve, lo ayudará a convertirse en esa persona.

De esto se trata estar dispuesto a permitir que el fuego de Dios nos refine. ¿Le permitiremos a Dios moldearnos en la persona que siempre debimos ser, la persona que hemos olvidado ser a raíz de que el ladrón de identidad ha llevado a cabo sus planes en contra de nosotros por tanto tiempo? Mientras Dios le conceda la vida, nunca es demasiado tarde para reclamar su identidad restaurada por Cristo.

Quisiera también que sepa que el apoyo psicológico y la sanidad emocional constituyen también una parte vital para este hombre y su hija. Forma parte del proceso de refinamiento que Dios usa para nuestro crecimiento. Dios les ha otorgado una gran sabiduría a los consejeros profesionales, quienes pueden ayudar a sanar muchas heridas internas.

Un fuego que Dios usa

Al hablar sobre entrar en el horno de Dios—el fuego purificador que consume todo aquello que el ladrón de identidad deposita en nosotros—me es necesario explicar que cuando atraviesa tiempos difíciles no significa que Dios lo haya abandonado. En cambio, lo redime, que significa que quita todo lo doloroso y duro y lo devuelve al enemigo, a fin de moldearlo y perfeccionarlo a la imagen de su Hijo.

Creo que como hijos de Dios, podemos caminar en poder y experimentar milagros de manera continua. Sin embargo, nunca le diré que no pasará por diversas pruebas por ser un seguidor de Cristo. Simplemente no es verdad. Todos debemos pasar por el horno de Dios para ser purificados y preparados para el servicio de su reino.

Piénselo de esta manera. El vaso de barro que no pasó por el fuego del horno es inservible. El fuego solidifica el barro. Lo hace fuerte y lo ayuda a conservar su forma. Así funciona con el vaso de barro, y aplica igualmente para las personas.

No podríamos encontrar un mejor ejemplo de un cristiano poderoso que el apóstol Pablo. Considere el poder que manifestó luego de haber naufragado en la isla de Malta. Una víbora venenosa se le prendió en la mano, pero él sacudió la víbora en el fuego.

Inicialmente, los isleños que estaban mirando comentaban entre sí que Pablo era sin duda un homicida quien no podía escapar de la justicia. Ellos esperaban que su mano se hinchase y este muriera, lo cual suele suceder cuando alguien es mordido por una serpiente venenosa. Pero cuando Pablo sacudió la serpiente en el fuego y ningún daño padeció, creyeron que era un díos. El pasaje continúa diciendo que Pablo oró por todos los enfermos de la isla y fueron sanados. (Vea Hechos 28:1–9).

A pesar de ser un poderoso hombre de fe y poder, Pablo

padeció varios momentos difíciles a lo largo del camino. En 2 Corintios 11, Pablo dice que:

- estuvo en peligro de muerte repetidas veces;
- recibió treinta y nueve azotes en cinco ocasiones diferentes;
- tres veces lo golpearon con varas;
- fue una vez apedreado;
- tres veces naufragó, y pasó un día y una noche como náufrago en alta mar;
- muchas veces se quedó sin dormir;
- sufrió hambre, sed, frío y desnudez.

Escribió: "Mi vida ha sido un continuo ir y venir de un sitio a otro; en peligros de ríos, peligros de bandidos, peligros de parte de mis compatriotas, peligros a manos de los gentiles, peligros en la ciudad, peligros en el campo, peligros en el mar y peligros de parte de falsos hermanos" (versículo 26).

Pablo pasó mucho tiempo en el horno de Dios.

Considere también otro ejemplo relatado en el libro de Daniel. Tres jóvenes—Sadrac, Mesac y Abednego—fueron atados y arrojados en un horno recalentado, cuando se rehusaron a inclinarse y adorar a la estatua de oro que había levantado el rey Nabucodonosor. El rey se enojó de tal manera que ordenó que el horno se calentase siete veces más de lo acostumbrado.

Los tres varones fueron atados y echados al horno, pero ninguno de ellos se quemó. En cambio, el rey miró dentro del horno y vio a cuatro hombres que se paseaban en medio del fuego. Nabucodonosor le preguntó a sus consejeros: "¿Acaso no eran tres los hombres que atamos y arrojamos al fuego? Así es, Su Majestad, le respondieron. ¡Pues miren!, exclamó. Allí en el fuego veo a cuatro hombres, sin ataduras y sin daño alguno, ¡y el cuarto tiene la apariencia de un dios!" (Daniel 3:24–25).

Solo a causa de que estos tres héroes jóvenes fueron echados en el fuego fue que se encontraron con el Hijo de Dios. El rey, tampoco, habría visto a Jesús sin la experiencia del fuego. Sabemos esto porque a raíz de este milagro, el rey Nabucodonosor alabó a Dios y ordenó que su nombre sea reverenciado (vea versículos 28–29).

Lo mismo sucede con nosotros cuando nos encontramos en el fuego. Quizás no podamos escapar de las llamas, pero Dios nos encontrará allí, y Él promete lo siguiente:

> "Cuando cruces las aguas, yo estaré contigo; cuando cruces los ríos, no te cubrirán sus aguas; cuando camines por el fuego, no te quemarás ni te abrasarán las llamas. Yo soy el Señor, tu Dios, el Santo de Israel, tu salvador".
>
> Isaías 43:2–3

Cristo se revela en el fuego. Si se encuentra atravesando por un tiempo difícil y desafiante, lo animo a que mire a Jesús. Quizás no sea la fuente de sus luchas, pero en medio de estas, Él es redentor y puede manifestarse en forma poderosa. Él puede usar aquello por lo que está pasando.

Un fuego contra el cual luchar

Creo incluso que a veces Dios espera que corramos *hacia* las dificultades en vez de alejarnos de estas. Jesús dijo que las puertas del infierno no prevalecerán contra su Iglesia (vea Mateo 16:18). Esta es una representación de la Iglesia a la ofensiva, derribando las puertas del enemigo y rescatando a aquellos quienes han sido llevados cautivos.

Con frecuencia pensamos en la Iglesia como un fuerte, un lugar en donde esconderse de los problemas del mundo. Más bien, debería ser como un cuartel, en donde obtenemos nuevas fuerzas para pelear contra el enemigo.

El capítulo cuarto de Hechos habla sobre un tiempo cuando

la iglesia primitiva comenzó a enfrentar persecuciones por parte de las autoridades judías y romanas. Pedro y Juan habían sido encarcelados por un corto período y luego se les prohibió que volvieran a predicar en nombre de Jesús. Cuando la noticia llegó a los otros creyentes, presentaron este asunto ante Dios en oración. No obstante, no oraron por seguridad o protección o para ser librados de cualquier problema por venir. En cambio, oraron:

> "Y ahora, oh Señor, escucha sus amenazas y danos a nosotros, tus siervos, mucho valor al predicar tu palabra. Extiende tu mano con poder sanador; que se hagan señales milagrosas y maravillas por medio del nombre de tu santo siervo Jesús".
>
> Hechos 4:29–30, NTV

Mire cómo Dios responde a sus oraciones en el versículo 31: "Tembló el lugar en que estaban reunidos; todos fueron llenos del Espíritu Santo, y proclamaban la palabra de Dios sin temor alguno". Creo que Él estaba muy complacido que al enfrentar el fuego de la persecución, pudieron ver a Jesús glorificarse. En vez de salir corriendo, respondieron ante la persecución con fuerza y valor.

Un fuego que necesitamos

Después de enterarme sobre la infidelidad de mi padre, realmente sentí que estaba cruzando por el fuego y necesitaba de la fortaleza divina. He aquí un hombre que había respetado toda mi vida, y a quien consideraba un hombre de fe y convicción. Jamás sospeché que le sería infiel a mi madre y, menos aún, por tanto tiempo. Hubiese sido lo suficientemente difícil pensar que le habría sido infiel solo una vez, pero saber que había sucedido una vez y otra vez durante un período tan largo era devastador.

A favor de mi papá, cuando mi hermana lo confrontó sobre este hecho, no lo negó ni trató de mentirle. En cambio, confesó, y luego nos lo contó al resto de nosotros.

En cuanto a mí, no sabía qué hacer o a dónde ir. Todavía vivía en casa con mis padres. Estaba activo en la iglesia, en donde servía como pastor de jóvenes. Estar involucrado en el ministerio era todo lo que sabía, y a donde Dios me había llamado. Pero ¿debía continuar en nuestra iglesia después de lo que había sucedido? ¿Cómo podría continuar sirviendo sujeto a la autoridad de un hombre quien no tenía cuidado por las cosas de Dios ni un plan de restauración?

Le dije a mi padre que me marcharía, pero me rogó para que me quedase.

"La iglesia te necesita", me dijo. "La gente te necesita. Estás haciendo un gran trabajo".

Estaba destrozado, porque sí amaba a los pocos jóvenes y familias con quienes había trabajado, y no quería marcharme y dejarlos sin un líder.

Cuando los cumplidos de mi padre no funcionaron, intentó otro enfoque.

"Me preocupa qué podría sucederte si dejaras el ministerio", me dijo. "Has estado aquí en este ambiente seguro y hermoso, y temo que podrías perder los estribos".

Me contó historias acerca de personas que él conocía quienes habían tomado el camino equivocado y terminaron adictos a las drogas, sin hogar o en prisión. No quería que lo mismo me sucediera.

Lo triste fue que le creí. No tenía una visión clara de quién yo era en Cristo. No conocía mi identidad.

Necesitaba tiempo para pensar, así que llamé a mi hermana y le pedí si podía pasar el fin de semana con ella.

"Por supuesto", dijo. "Sabes que eres siempre bienvenido".

También fui a ver a un consejero en una de las iglesias

carismáticas más grandes en el área de Atlanta. Dios me bendijo al permitirme hablar allí con un pastor amable, compasivo y sabio. Me escuchó contar mi historia por tres horas y media.

Al final de nuestra sesión, dijo: "Todo lo que te escucho decir es que necesitas marcharte. Pero tú buscas a alguien para que te dé directivas. Creo que eso es lo que esperas de mí, pero no puedo hacerlo. Si lo hiciera, estaría remplazando el papel de tu padre. Me parece que él te ha dicho qué hacer toda tu vida; pero, nuevamente, creo que es tiempo de que tomes tu propia decisión".

Cuando terminó el fin de semana, regresé a casa y le dije a mi padre que me iría.

Pero él simplemente negó con la cabeza.

"¿Por qué no te tomas un tiempo para ayunar y orar al respecto?", sugirió. Conseguiré a alguien para que cubra tus obligaciones, y si tras tomarte ese tiempo aún piensas que deberías marcharte, te daré mi bendición. Incluso te ayudaré para comenzar de nuevo. Ya sé, ¿por qué no te aíslas en la iglesia por algunos días? Allí tienes un baño; agua; y hasta hay jugo en el refrigerador".

Me pareció una buena idea. Posiblemente no exista un lugar mejor que una iglesia para buscar a Dios. Así que empaqué mi Biblia, mi concordancia y un cuaderno y me encerré en el santuario. Durante las siguientes setenta y dos horas, pasé la mayor parte del tiempo buscando la dirección de Dios. Para serle honesto, también pasé mucho tiempo durmiendo en mi saco de dormir en el piso del santuario. Fue el primer descanso que tenía en años, y me encontraba exhausto. Por razones obvias, también estaba agotado emocionalmente.

No puedo decir que Dios me habló y me dijo qué hacer. En ese entonces, ni siquiera sabía cómo era eso. Pero cuanto más tiempo pasaba en oración, más convencido estaba de que Dios me llamaba a seguir hacia adelante. Simplemente no podía permanecer en el ministerio de mi padre por más tiempo. Todo se sentía sin vida, sin una visión y no podía pretender y solo continuar como de costumbre.

También sabía que ya había alcanzado un techo. Sentía que mi padre había reprimido tanto del poderoso ministerio de mi madre, y sentía que su personalidad dominante me opacaría a mí también. La función del pastor de jóvenes era extremadamente limitada y entorpecida. No iba a resultar fácil, pero tendría que decirle que había llegado mi hora de partir.

Temprano por la mañana de mi tercer día de ayuno y oración, mi padre pasó por la iglesia para ver si había oído la voz de Dios.

Tragué saliva y dije: "Papá, solo siento la confirmación de que debo marcharme".

Sus ojos se entrecerraron y preguntó: "¿Puedes darme una escritura de confirmación?".

No estaba seguro de lo que quería. Podía mostrarle muchas escrituras que hablaban sobre su comportamiento; pero no, Dios no me había dado una escritura específica que dijera algo como "Quiero que te marches, Robby". Todo lo que podía compartirle era que claramente sentía en mi espíritu que era mi tiempo de partir.

Colocó su brazo sobre mi hombro.

"Bueno, hijo, piensa cómo habrá sido para José cuando estaba en prisión", dijo. "Aunque pudo haber sentido que todo estaba perdido, estaba precisamente en el lugar donde Dios quería que estuviese, y en el camino que Dios quería que anduviese. Así que, en función de eso, creo que Dios te dice que debes quedarte".

No podía creer lo que estaba escuchando. Pero en vez de reaccionar con enojo, me quebranté y comencé a llorar, porque me di cuenta de que mi padre no estaba cumpliendo con su promesa. No estaba honrando su palabra de dejarme ir si estaba seguro de que era lo que Dios quería que hiciese. Esto hirió mi corazón.

Me quedé por algunos meses más, pero luego surgieron más acusaciones de infidelidad, las cuales mi padre no tuvo más opción que admitirlas.

Por supuesto, para ese tiempo, tenía conocimiento de que mi padre había estado involucrado en inmoralidad sexual; pero ahora estaba viendo la magnitud de lo que había sucedido. Además, era evidente que mi padre no había renunciado realmente al pecado. Creo que esperaba que todo pasara al olvido y siguiéramos adelante como la última vez. Pero en esta ocasión, la mujer se quedó en el ministerio y no se marchó como lo hizo la anterior.

Se convocó a una reunión para tratar las repercusiones de esta última indiscreción. Fue en la mitad de dicha reunión con mi madre, mi padre y otros dos líderes de la iglesia cuando decidí que no podía quedarme por más tiempo. Este nuevo fuego finalmente me dio las fuerzas para dejar un lugar del que necesitaba marcharme.

"Papá", dije, "simplemente no cambiarás. No te has arrepentido. Este hecho destroza mi corazón, pero ya no puedo ser parte de esto".

Con lágrimas en mis ojos, me levanté y partí de la iglesia.

"¡Regresa aquí ahora mismo!", mi papá me llamó luego de haberme levantado, su voz enfadada resonó en las paredes.

Pero esta vez, no iba a ceder. Continué caminando.

Un fuego dadivoso

Cuando mi padre se percató de que no regresaría, me obsequió un juego de herramientas para reparar alfombras y un equipo para limpiarlas con calidad industrial. Como mencioné anteriormente, mi papá era un emprendedor quien manejaba varios negocios, y la limpieza de alfombras era uno de ellos.

Creo que se sentía responsable por ayudarme, al ver cuánto de mi vida había dedicado a servir bajo su sujeción y rendir mi vida ante su propósito y visión. Esperaba que quizás tratara de abrirme las puertas para involucrarme en algún otro ministerio, pero al menos era algo.

Pasé los siguientes meses viviendo con mi hermana Ella y su esposo. Ella siempre fue de apoyo para mí. Tenía un corazón bondadoso como mi madre, y siempre me sentí seguro a su lado. Su esposo trabajaba con una compañía de servicio de limpieza de alfombras, y él y otro amigo me ayudaron a conseguir un empleo allí. Al menos tenía una fuente de ingreso para sobrevivir. Mi hermana también me permitió usar un auto para trasladarme al trabajo.

Comencé a congregarme en otra iglesia de la zona—Atlanta Christian Center—y fue una gran experiencia. La iglesia estaba llena de familias saludables. De seguro que tenían sus asuntos. Todos los tenemos. Pero se amaban y se apoyaban entre sí. Eran el ejemplo de cómo los seguidores de Cristo se debieran tratar mutuamente.

En ese entonces, me di cuenta de que a causa de la situación en la iglesia de mi padre, había estado hambriento espiritualmente. No se trata de que mi padre no sea un poderoso predicador y un líder excelente. Lo era. Pero mi padre—y por ende toda la iglesia—estaba actuando bajo una nube de pecado que impedía la gracia de Dios. Si se hubiese arrepentido y se hubiese vuelto de sus malos caminos, creo que la gloria de Dios habría regresado, y con mayor fuerza. Pero no lo hizo, y nada sucedió. A menudo, creemos que Dios nos juzga cuando pecamos, pero estoy convencido de que somos nosotros quienes nos apartamos de su gracia.

Mi madre siempre le habló con la verdad a mi padre, pero nunca lo fastidió. Se separaba de él por un mes o más y luego regresaba. Esto continuó durante varios años, hasta que mi padre finalmente le dijo a la otra mujer que debía marcharse. Así fue, aun después de haber confesado su infidelidad, mantenía a la otra mujer cerca. Para cuando esta mujer se fue, su ministerio se había reducido a tres personas. Su iglesia era un pueblo fantasma.

Nunca logró recuperar su ministerio.

Todo lo que hoy hago, es lo que mi padre debería estar haciendo. Estoy en verdad viviendo su sueño.

A raíz de esto, aprendí una lección importante. Si desea crecer en los caminos del Señor y convertirse en todo lo que fue llamado a ser, entonces debe estar en un lugar en donde reciba alimento espiritual.

Ahora, debo aclarar que no estoy a favor de quienes van de iglesia en iglesia. Cada vez que creen que han encontrado su iglesia, algo sucede que los ofenden y se marchan. Estoy convencido de la importancia de encontrar una buena iglesia y permanecer allí. No existe la iglesia perfecta. Las personas requieren de mucha gracia. Sin embargo, si no recibe nada y se siente como estancado, entonces, probablemente sea su tiempo de seguir adelante.

Como he señalado anteriormente, cuando se encuentre en el fuego a raíz de circunstancias difíciles, busque a Jesús. Cuando luchaba en medio de la realidad del pecado de mi padre, pude haber perdido completamente la fe. Pero en medio de esa experiencia, veía a mi madre aferrarse a su relación con Jesús como nunca antes. Fue de gran inspiración ver su devoción, la cual me ayudó a acercarme a Él como tampoco lo había hecho jamás.

Esta es la razón por la que necesitamos la iglesia. Aun en medio de líderes abusivos quienes no siguen a Jesús como deberían, podemos encontrar un equilibrio al construir otras relaciones. Lo animo a que aumente su relación personal con Cristo y a que encuentre otros seguidores de Jesús con quienes pueda entablar una amistad. Caminen juntos y esperen juntos para ver los caminos de amor, fortaleza y apoyo de Cristo, aun en medio del fuego de su amor.

8

INTERPONERSE A LA VERDAD

Al llegar a su tierra, comenzó a enseñar a la gente en la sinagoga. —¿De dónde sacó éste tal sabiduría y tales poderes milagrosos?— decían maravillados—. ¿No es acaso el hijo del carpintero? ¿No se llama su madre María; y no son sus hermanos Jacobo, José, Simón y Judas? ¿No están con nosotros todas sus hermanas? ¿Así que de dónde sacó todas estas cosas? Y se escandalizaban a causa de él. Pero Jesús les dijo: —En todas partes se honra a un profeta, menos en su tierra y en su propia casa.

Mateo 13:54-57

Si está determinado a caminar en integridad espiritual, habrá momentos cuando tendrá que hablar en lugar de mantener su boca cerrada. Y cuando hable, no siempre las personas coincidirán con usted. Incluso, hasta puede encontrarse en desacuerdo con otros creyentes a quienes ama y respeta. Pero está bien, porque estará muy bien acompañado. Eche un vistazo al Antiguo Testamento y vea cuán mal trataban a los profetas en aquellos días. Recuerde lo que dijo Jesús:

> "Dichosos serán ustedes cuando por mi causa la gente los insulte, los persiga y levante contra ustedes toda clase de calumnias. Alégrense y llénense de júbilo, porque les espera una gran recompensa en el cielo. Así también persiguieron a los profetas que los precedieron a ustedes".

Mateo 5:11-12

Así es cómo lo aprendí.

Atreverse a salir

Aunque me gustaba asistir al Atlanta Christian Center, decidí visitar un domingo la iglesia en donde se congregaba mi hermana, la cual estaba en otra ciudad. Esta iglesia era enorme. Concurrían miles de miembros, tenían un ministerio mediático internacional y un pastor quien era un líder carismático reconocido. Tenía un largo viaje, pero pensé que valdría la pena ir a ver.

Casi desde el momento en que atravesé la puerta, me trataron como alguien especial. Parecía como si las personas allí inmediatamente reconocieran los talentos y capacidades que Dios me había dado. Incluso se hablaba de poder algún día unirme a su equipo de colaboradores. Me sentía emocionado porque sabía que Dios me había llamado al ministerio de tiempo completo. Y, a pesar de que estaba dando todo de mí en la otra congregación, nadie nunca me hizo mención de servir en algún puesto. Desde luego, para ser justo, la megaiglesia tenía una gran cantidad de vacantes. Nombre lo que se le ocurra, y probablemente tengan un pastor asistente a cargo de esa área.

No obstante, mi mayor problema era que me sentía culpable por marcharme de la otra iglesia. A causa de la experiencia que había atravesado con el ministerio de mi papá, no comprendía que fuera posible partir de una forma saludable y positiva. Imaginaba que las personas en la otra iglesia se molestarían conmigo por marcharme, sin importar las razones que fueran, así que me fui sin decir nada.

No transcurrió mucho tiempo antes de que el pastor se comunicara conmigo para asegurarse de que estuviera bien y averiguar qué me había pasado. Debió haber dejado quince mensajes, pero los ignoré a todos. Sabía que me iba a gritar, y no quería pasar por eso.

Una tarde, llamó cinco o seis veces seguidas. Tan pronto como el teléfono dejaba de sonar, comenzaba a sonar de nuevo. Dándome cuenta de que no iba a desistir, finalmente, respondí.

Como lo esperaba, su voz sonaba cortante y casi enojada. Me preguntó a dónde había estado, si me encontraba bien y demás.

En vez de responder a sus preguntas con calma, rompí en llanto.

"Lo siento", exclamé. "Sé que debe odiarme y no lo culpo. Seguramente piense que me he alejado de los caminos de Dios y que acabaré en las drogas ".

"¿Qué?", dijo. "Espera un minuto. ¿Qué estás diciendo? ¡No te odio! ¿De qué estás hablando?".

En un instante, su voz pasó de ser cortante y seca a un tono de disculpas y preocupado.

"Robby, esta conversación está tomando un giro inesperado", dijo. "No creo ninguna de esas cosas. No sé de qué hablas".

Hablamos por algunos minutos más, y le conté que si bien me gustaba congregarme en el Atlanta Christian Center, sentía que mi futuro me esperaba en la otra congregación.

Me preguntó si nos podíamos juntar para hablar, pero dije que no. Creía que si lo veía en persona, me diría que había tomado la decisión equivocada y básicamente me trataría como lo hizo mi padre.

Terminó diciéndome que si sentía a Dios llamándome a otra iglesia, es allí en donde debía estar. Pero también dijo que estaba desilusionado porque había imaginado grandes cosas para mi vida y deseado que fuera parte de su equipo de colaboradores algún día. Si me lo hubiese dicho antes, podría haberme quedado. Pero para ese entonces, ya me estaba sintiendo parte de la nueva congregación.

Como finalmente resultó, habría estado mejor si hubiese permanecido en Atlanta Christian Center; pero también me

LADRÓN DE IDENTIDAD

alegra de no haberlo hecho por dos razones muy importantes. La primera, y la de mayor importancia para mí, es que fue allí en la nueva congregación en donde conocí a mi futura esposa, Angie. No puedo imaginar a dónde estaría hoy sin esta mujer hermosa, fuerte y valiente, mi mejor amiga y mi compañera en el ministerio.

La segunda razón es que aún tenía algunas lecciones importantes que aprender acerca de lo que sucede cuando las personas someten sus identidades espirituales al "pensamiento colectivo" y no cuestionan lo que debe ser cuestionado. A menudo, oro para que Dios me ayude a tener una mente abierta sin ser crédulo, discernimiento sin ser crítico. No considero que sea bueno ser la clase de persona que cuestiona todo. Sin embargo, tampoco Dios espera que aceptemos todo lo que se nos dice sin cuestionar nada en absoluto. Y eso es algo que debía aprender.

La realidad es que en esta nueva iglesia sucedían muchas cosas que debieron haberse puesto en tela de juicio, pero parecía que nadie les prestaba atención. Dios usó mi experiencia allí para hacerme madurar en este nuevo aspecto el cual necesitaba aprender.

Reconocer las señales

Durante las semanas y meses siguientes, me hice tan vulnerable en la nueva iglesia como me fue posible. Si bien aún trabajaba para la compañía de limpieza de alfombras, también pasaba mucho tiempo en la iglesia, colaborando en donde fuese necesario. Y tal como había esperado, no pasó mucho tiempo antes de que tomara un empleo de tiempo completo en el ministerio audiovisual de la iglesia. Como Dios lo planeó, allí era donde Angie trabajaba, y pronto nos convertimos en buenos amigos.

Angie fue una de las primeras personas que conocí cuando comencé a asistir a la nueva iglesia, pero nunca, ni en un millón de años, hubiese imaginado que terminaríamos juntos. Su belleza era sin igual; pero también me impresionó que fuera una persona muy reservada. Desconocía el motivo, pero sabía que algo no estaba del todo bien. No fue hasta mucho tiempo después que Dios me ayudó a darme cuenta de que me estaba hablando a través de esta impresión, a fin de que pudiera ser un canal de su misericordia y de su gracia para ella.

Admiraba a Angie por muchas razones. Amaba a Dios. Era extremadamente inteligente y trabajadora. Era hermosa. No obstante, podía percibir que había algo en su interior que estaba lastimado y herido.

Tuvimos una cita, pero la misma fue un total desastre. Uno de nuestros jefes nos invitó a acompañarlo a él y a su familia a pasar el día a un parque acuático. Trataba de juntarnos, pero no funcionó. Más tarde, comparando nuestras experiencias, ambos estuvimos de acuerdo en que fue la peor cita que habíamos tenido. Desde luego, tengo que admitir que no había salido con muchas chicas, así que para mí decir que fue una mala cita no tenía demasiado peso. Pero Angie había salido probablemente con veinticinco chicos o más. Ser considerado como el primero en su lista de la peor cita de todos los tiempos realmente significaba algo sobre cuán desastrosa había sido.

Cuando menciono que Angie salió con muchos chicos, no quisiera que se quede con la impresión equivocada. Tenía un estándar moral muy alto, y si alguien intentaba sobrepasarse, no solo no seguía adelante, sino que tampoco les daba una segunda oportunidad. Por esta razón, tenía una reputación por ser una rompecorazones. En realidad no lo era. Era una mujer de Dios quien buscaba un hombre con los mismos valores. Y en esta iglesia, un hombre semejante no era fácil de hallar.

Me sorprendía la cantidad de jóvenes que conocía en la iglesia que hablaban sobre el sexo con naturalidad. Recuerdo a un chico decir que tenía que encontrar una novia porque su vida sexual estaba sufriendo. Pensaba: *¿Vida sexual? Ni siquiera estás casado. Se supone que no debes tener una vida sexual.* No podía comprender cómo personas que amaban al Señor y querían servirle podían ser tan poco rigurosas en esta área de sus vidas, especialmente cuando la enseñanza bíblica sobre dicha materia es tan clara. El sexo está únicamente destinado para ser una bendición en el matrimonio. El apóstol Pablo dijo: "¡Huyan del pecado sexual! Ningún otro pecado afecta tanto el cuerpo como este, porque la inmoralidad sexual es un pecado contra el propio cuerpo" (1 Corintios 6:18, NTV).

A pesar de que podía ver que muchos pecados sexuales tenían lugar en nuestra iglesia, comencé a tratar de justificarlos. Me decía a mí mismo: *Bueno, estos son tiempos modernos. Tienes que ser un poco más flexible para atraer a más personas.* Conocía a parejas que convivían sin el beneficio del matrimonio; no obstante, eran miembros de la iglesia de buena reputación. Nunca escuché ningún sermón sobre el área de pureza sexual.

Los colaboradores también hacían bromas sexuales. Los hombres hacían comentarios provocativos sobre mujeres que no eran sus esposas, y eso en verdad me molestaba. Comencé a incursionar en algunas de estas bromas groseras. Mientras que antes las hubiera considerado incorrectas, mis estándares comenzaron a disminuir.

Hablar verdad

Como trabajábamos juntos, Angie y yo comenzamos a salir a almorzar de vez en cuando y construimos una amistad cercana. Había ido a su casa algunas veces y disfrutaba pasar tiempo con ella y su familia.

En una oportunidad, después de haber almorzado juntos, libré la primera palabra profética que Dios me había dado. La miré y dije: "Percibo que hay algo que está terriblemente mal. Veo que hay dolor dentro de ti. Pareces muy reservada, e incluso a veces hasta llego a pensar que podrías ser suicida. Mi impresión es que el enemigo está realmente buscando destruir tu vida".

También le dije que percibía que un historial de abusos le estaba causando sentirse de este modo.

Al escuchar esto, Angie exhaló profundamente. Fue como ver un globo desinflarse. Sacudió su cabeza.

"Todo lo que has dicho es verdad, pero ¿qué puedo hacer?", exclamó.

Le dije que no sabía, que solo sentía que el Señor me había revelado esto, que Él la amaba y quería que obtuviera la sanidad que necesitaba y merecía.

"Es solo que no sé qué hacer", respondió. "Nadie sabe sobre esto. Nunca le he contado a nadie".

El peligro del abuso aún continuaba presente en su vida.

Le pregunté a Angie si podía orar por ella, y aceptó—a pesar de que no era algo común en esta congregación—. Allí existía un concepto de jerarquía sólido, y se esperaba que uno cumpliera con los procedimientos establecidos. Si necesitaba oración, se suponía que debía acercarse al pastor que le asignaran, y este oraría por usted. Sin embargo, yo podía ver la agonía y el dolor que Angie estaba cargando y sentí de orar por ella allí mismo. Asimismo, también podía ver cuán aliviada se sentía de que Dios me haya revelado su situación. Creo que por primera vez, tuvo la esperanza de poder vencerla.

Mi preocupación por Angie la llevó a abrirme su corazón durante los siguientes meses. Comenzó a verme como una persona de confianza. Transcurridos varios meses, me llamó una noche y dijo: "Sabes, realmente siento que tú y yo deberíamos formar una pareja". (Esa era la terminología que se empleaba en aquellos días).

Por dentro, mi corazón saltaba de alegría, pero no quería demostrar mi emoción.

"Bueno, ¿por qué no lo ponemos en oración durante el fin de semana?", pregunté.

Pude notar que había herido sus sentimientos.

"No necesito orar al respecto", dijo. "Estoy segura".

"Está bien, por lo menos oremos sobre esto esta noche", dije.

Estuvo de acuerdo en que era una buena idea.

Por su puesto, a la mañana siguiente, fui a su oficina y le dije que tras haber orado, sentía que definitivamente era la persona con quien quería estar y que anhelaba llegar a conocerla mejor y ver nuestra relación prosperar.

Por si no lo he dejado lo suficientemente claro, Angie era una mujer excepcionalmente talentosa y hermosa. Era una persona y líder extraordinaria, quien tenía un coeficiente intelectual tan elevado que era fuera de lo normal. Era muy intelectual, con un vocabulario que a menudo me dirigía al diccionario para asegurarme de que entendiera sobre lo que estaba hablando. Me complementaba en tantos aspectos.

A fin de ilustrar la clase de persona que es Angie, después de habernos convertido oficialmente en "una pareja" por algunas semanas, me pidió si podíamos evitar tener contacto físico. Ahora, para empezar, no había habido mucho contacto físico entre nosotros. De vez en cuando nos tomábamos de las manos. A veces la abrazaba, y nos dimos un beso de buenas noches solo en dos oportunidades. Ella quería prescindir de todo eso por un tiempo.

Quedé sorprendido, preguntándome si me había propasado. Le dije que mis dos lenguajes del amor más fuertes eran las palabras de afirmación y el contacto físico, así que podría no resultar fácil para mí dejar de usar esos medios para demostrarle cuánto me importaba.

Lo comprendió, pero dijo: "Necesito saber que nuestra

relación va más allá de la parte física. Necesito estar segura de que me amas y que no estás solamente interesado en una relación física".

Una vez más, Angie me impresionó con su madurez y sabiduría. Estaba totalmente en lo correcto. Pusimos a un lado el aspecto físico y nos concentramos en conocernos mejor.

Más tarde comprendí que la actitud de Angie estaba conectada con el abuso que había sufrido. No comparto los detalles del abuso sexual por razones obvias. Solo le diré que le insistí para que hablara con un pastor sobre aquello que le afligía. Como pastor de jóvenes, una vez que tuve conocimiento sobre algunos de los detalles de la situación, sabía que lo que Angie había padecido legalmente debía ser informado a las autoridades estatales. Sin embargo, la pastora con quien habló—una mujer soltera de mediana edad—se encogió de hombros y dijo: "Probablemente no seas lo suficientemente fuerte para manejar una situación semejante". Ese fue el único consejo que Angie recibió. Quedé consternado.

Perder la confianza

Con el paso del tiempo, Angie y yo nos convertimos cada vez más cercanos. Nos empezamos a enamorar, y queríamos que todos estuvieran felices al respecto. Lamentablemente, no fue el caso.

Antes de comenzar a salir conmigo, Angie se vestía con un estilo más provocativo. Usaba pantalones ajustados y minifaldas, vestimenta que acentuaba su hermosa figura. No había nada inusual sobre ello. En esta iglesia, las mujeres que no vestían de la forma que lo hacía Angie se las menospreciaba por ser anticuadas y desalineadas. Sin embargo, después de haber estado de novios por algún tiempo, Angie se dio cuenta de que no debía exhibir su cuerpo de ese modo. Era una persona inteligente, compasiva, amable y encantadora; y yo estaba feliz de verla vivir en conformidad con la Palabra de Dios:

> No se interesen tanto por la belleza externa: los peinados extravagantes, las joyas costosas o la ropa elegante. En cambio, vístanse con la belleza interior, la que no se desvanece, la belleza de un espíritu tierno y sereno, que es tan precioso a los ojos de Dios.
>
> 1 Pedro 3:3–4

Nuevamente, no a todos les gustó el cambio en Angie. Desde el principio de nuestra relación, el ladrón de identidad estuvo intentando separarnos.

La misma pastora quien se había burlado de ella por no ser lo suficientemente fuerte para manejar su situación de abuso la llamó a su oficina y le dijo: "Sabes, Angie, antes de que comenzaras a tener una relación con Robby, eras mucho más divertida. Te vestías bien. Salías con muchos chicos. Pero desde que tú y Robby están juntos, ya no das la impresión de una jovencita divertida o incluso feliz".

Angie no podía creerlo. "¿A qué se refiere?", preguntó.

"Te vistes como algunas de las mujeres mayores", dijo la pastora. "Solías usar bonitas minifaldas. Mostrabas el escote. Tienes que volver a ser divertida".

Angie no podía creer que una pastora le diera esa clase de consejos.

"Bueno, me veo a mí misma como una persona diferente", Angie trató de explicar. "Antes creía que mi valor residía en la forma en que me vestía. Pero ya no es el caso".

La pastora hizo una sonrisa condescendiente. "Ay, Angie, es bueno para una mujer saber que los hombres la miran y piensan: '¿Me pregunto qué se traerá?'".

Tan pronto como finalizó la reunión, Angie vino directo a

mi oficina y me contó lo que había sucedido. Ambos estábamos pasmados.

Cobrar fuerzas

La situación no mejoró para nosotros cuando se corrió la voz de que planeábamos comprometernos. Un domingo a la mañana, después de la iglesia, uno de los pastores—un hombre casado con hijos—le dio a Angie un abrazo y le dijo: "Con respecto a Robby, debes mantener tu mente abierta".

"¿Qué quiere decir?", preguntó Angie.

"Solo debes mantener tu mente abierta".

Angie se dio la vuelta para marcharse, y él le dijo. "Eres una joven muy bonita, y quizás haya personas interesadas en ti que ni siquiera haz considerado".

Más tarde supimos que este pastor había estado involucrado con muchas de las jovencitas de la iglesia.

Ahora bien, Angie había estado asistiendo a esta iglesia desde que tenía once años. Los pastores fueron más que líderes espirituales para ella. Eran como su familia. Hasta donde ella sabía, ellos estaban por debajo de Dios mismo en cuanto a su autoridad y sabiduría. Cuando predicaban, eran como si hablaran los oráculos de Dios.

Por lo tanto, se sentía desconcertada ante algunos de los comentarios que le hicieron. Todo resultaba tan estremecedor. ¿Acaso podría ser que las personas trataran de protegerla? Y en caso afirmativo, ¿por qué? ¿De qué?

Incluso sus padres, a quien parecía agradarles, comenzaron a dudar sobre si debíamos estar juntos. No emitieron opinión alguna; simplemente no querían que nos volviéramos a ver.

Yo tenía veinticuatro años, y Angie veintiuno. Ya era mayor de edad para decidir qué quería hacer. Sabía que le entusiasmaba salir conmigo. Sin embargo, les hizo caso por temor.

A nadie parecía importarle lo que Angie quería o pensaba.

Todos trataban de decidir en su lugar. Por alguna razón, había una lucha por su atención y afecto.

Cuando finalmente se difundió la noticia de que nos habíamos comprometido, la misma pastora de antes nos llamó para darnos un sermón.

"¿En qué estaban pensando al comprometerse sin el permiso pastoral?", demandó saber.

"¿Qué?", exclamé, preguntándome si había escuchado bien. "No sabíamos que necesitábamos su permiso".

Angie y yo éramos adultos y gozábamos del derecho de casarnos si eso queríamos. Aun en el caso de que fuéramos menores de edad y necesitáramos el permiso de nuestros padres, mi papá y mi mamá lo habrían firmado de inmediato. Para ese entonces, mi padre y yo habíamos vuelto a relacionarnos en buenos términos. Él estaba orgulloso de que siguiera sirviendo en el ministerio, y él y mi mamá estimaban mucho a Angie.

Pero el sermón de aquella pastora no había acabado. Con su rostro rojo de rabia, dijo: "¿Quiénes se creen que son para decidir que pueden casarse así nomás? Teníamos nuestra mirada puesta en Angie, así como también planes especiales para ella, pero ahora estás arruinando todo".

"¿Planes especiales?", pregunté. "¿Cómo el casarnos puede influir en sus planes?".

No tenía palabras para darme una explicación.

En primer lugar, no decidimos casarnos "así nomás". Nos hemos estado conociendo por algunos años, y aún ni siquiera hemos establecido una fecha para nuestra boda.

"Necesito decirle algo", le dije a la pastora. "Usted está manejando todo esto de una forma incorrecta, y Dios no lo permitirá. Está siendo abusiva con las personas".

"No sabes de lo que estás hablando", la pastora gruñó.

Ya habíamos soportado suficiente. Nos expresamos de forma firme pero amable, y luego abandonamos su oficina.

Escuchar a Dios

Después de esto, la presión se volvió más intensa. Sentía como si las personas estuvieran empeñadas en separarnos. A pesar de que cumplía dos funciones en la iglesia—una en el departamento de medios y otra en el ministerio juvenil—veía que casi todos los colaboradores de la iglesia estaban en contra de nosotros. Me encantaba estar en el ministerio, pero sentía que no tenía otra alternativa más que renunciar y volver a trabajar en un empleo secular. Y eso fue lo que hice.

Algunas noches después, por segunda vez en mi vida, me despierto y me encuentro suspendido en el aire. Eran las 3 a. m., y Dios me estaba elevando de la cama y poniendo mis pies sobre el suelo sin casi doblar mis rodillas. Estaba tendido en mi cama y luego, *¡zas!*, me encontraba parado junto a mi cama. La sensación era completamente opuesta a cuando los demonios me hicieron levitar de la cama cuando estaba en la escuela secundaria. En ese entonces, me sentía indefenso y aterrado, bajo el control de alguien más. Ahora, sabía que era Dios quien me había despertado; pero ¿para qué?

Entonces, escuché una voz poderosa y fuerte ordenar: *¡Haz guerra!*

"¿Hacer guerra?", repetí, dado que no comprendía.

Luego, sentí como si la empuñadura de una espada fuera colocada entre mis manos. Comencé a blandir la espada, luchando contra un enemigo que no podía ver. Desde entonces, he aprendido que usar la espada del Espíritu constituye una práctica común para algunos intercesores y pastores carismáticos, aunque nunca antes había escuchado algo al respecto hasta aquella noche.

Durante tres horas, blandí la espada a mi alrededor, orando en lenguas como sabía hacer; y podía sentir como los grilletes, cuerdas y lianas que me habían estado atando eran cortados. Mi vista espiritual comenzaba a aclararse. El Señor me mostró que durante el tiempo que había asistido a esa iglesia, había cesado de orar en lenguas. No leía tanto la Biblia como antes, y había dejado de desarrollar mi vida espiritual.

Podía sentir que la poderosa presencia de Dios invadía mi cuarto. También podía sentir a seres angelicales guerreando contra las fuerzas demoníacas. Luchaban por mi libertad. ¡Fue una experiencia poderosa!

Cuando terminé, el Señor me llevó al libro de Malaquías, donde me reveló que los líderes de esta iglesia eran abusivos con las personas y que Él me estaba llamando a confrontarlos. Mientras leía el libro de Malaquías, los versículos saltaban de las páginas. Era como si me hubiesen encantado, al igual que al rey Théoden del *Señor de los anillos*, y ahora sentía que regresaba a la vida.

Estaba convencido de que el Señor me había mostrado que la iglesia estaba luchando con problemas graves de adulterio, divorcios y otros pecados sexuales; y sentía que Él quería que le informara al pastor principal lo que sabía. No había duda alguna en mi mente que se sorprendería al escuchar lo que tenía que decirle, así como tampoco dudaba de que él haría todo lo posible para mejorar la situación. Podía imaginármelo estrechándome la mano, agradeciéndome por habérselo comunicado y convirtiéndonos en compañeros de oración al respecto. Tenía la esperanza de que un tiempo de arrepentimiento y renovación estuviese cerca, el cual iría acompañado por un gran avivamiento.

Poderes confrontados

Dos días después, me encontraba en el vestíbulo de la oficina del pastor principal, aguardando su llegada a las ocho en punto, con la esperanza de que pudiera hablarle antes de su primera reunión. Mientras me escoltaban, dirigió su mirada hacia su reloj.

"Solo tengo algunos minutos", dijo, claramente sin comprender la importancia de lo que estaba a punto de manifestarle.

"Está bien", respondí. "Simplemente, permítame decirle lo que me dijo el Señor".

Procedí a leerle algunos de los pasajes del libro de Malaquías y le compartí que el abuso de Angie no había sido debidamente reportado a las autoridades. También le mencioné que había matrimonios incurriendo en separaciones y que muchas vidas estaban siendo heridas.

Luego, le dije directamente: "El Señor me ha mostrado que las inmoralidades sexuales y el adulterio proliferan en esta iglesia, y es necesario que reciban la debida atención o todo se va a desmoronar".

Mientras hablaba, los ojos de este hombre se entrecerraban e inclinó su cabeza. Parecía enojado, pero no lo culpaba. Sabía que debía ser duro escuchar todo lo que estaba sucediendo en la iglesia que amaba y por la que había dedicado la mayor parte de su vida a su edificación.

Pero resultó que no se sentía molesto sobre lo que estaba ocurriendo en la iglesia. Estaba enojado conmigo por tratar de exponerlo. Luego de decirle aquello que el Señor me había revelado, alzó su mano para que hiciera silencio.

"Escúchame bien", dijo. "Será mejor que no le digas a nadie lo que sabes, o te destruiré por completo. Me aseguraré de que ninguna iglesia te dé empleo ni siquiera para mantenimiento".

Moví mi cabeza. "No lo comprendo".

"No es verdad todo lo que dices", expresó. "Pero si le cuentas algo a alguien, te arruinaré".

"Pero no sé nada", dije. "Solo soy un mensajero de lo que el Señor me mostró".

"Permíteme asegurarme de que entiendas. Si dices una sola palabra de todo lo que acabas de decir o lo que sabes, me encargaré de arruinarte por completo. ¿Me has entendido?".

Todo lo que pude hacer fue balbucear al responderle, mientras trataba de ordenar mis pensamientos. "Bueno, si lo que digo no es verdad, entonces ¿por qué me está amenazando?".

"Escúchame, niño. No querrás meterte conmigo. Escúchame y escúchame bien. Te destruiré, hablo en serio. Ahora, sal de mi oficina".

Me levanté para marcharme, pero sentí que el Señor me impulsó a decir algo más. "Solo tengo que decir esto", afirmé. "Si no obedece la voz del Señor, dentro de seis meses, este lugar aparecerá en cada red de televisión en la nación, siendo expuesto a causa de lo que sucede aquí".

"¡Solo márchate!", el hombre gritó.

Mis piernas me temblaban mientras me dirigía al vestíbulo. Estaba devastado. Pero al mismo tiempo, no tenía duda alguna de que había hecho exactamente aquello que el Señor me había mandado a hacer.

Resistir

Posteriormente, en esa semana, Angie me llamó para decirme que tenía que terminar con nuestra relación.

"¿Terminar conmigo?", pregunté. "¿Por qué?".

Resultó que la habían citado para una reunión con uno de los pastores, quien había estado en contacto con el pastor principal, y el pastor la convenció de que yo no era bueno para ella. Si se casaba conmigo, le dijo, perdería su potencial. Le dijo que yo la mantendría en casa, concibiendo bebés y mirando telenovelas, y que se volvería obesa por estar sentada en el sofá comiendo papas fritas todo el día. Hablaba como si yo fuera una especie de cavernícola quien la mantendría aislada del mundo. "Tenemos planes mejores para ti", le dijo el pastor.

"Es ridículo", le dije a Angie. "¿Qué es lo que tú quieres?".

"No importa lo que quiero", dijo. "Ellos saben qué es lo mejor para mí".

Aquellos fueron días de desesperación. Sentía que había perdido lo más preciado para mí.

Por la gracia de Dios, Angie me llamó unos días después y dijo: "Sabes, no sé por qué he estado escuchando a estas personas. Tienes razón. Necesitamos irnos de aquí".

No podía contener mi alegría. Había estado ayunando y orando para que ella pudiera ver la luz.

Sin embargo, mientras estaba complacido por el cambio de decisión de Angie, me duele tener que decir que nadie en la iglesia escuchó la palabra profética que el Señor me había dado. No hubo arrepentimiento; ni una transformación en los líderes; ni cambio alguno en la forma opresiva y abusiva con la que se habían estado manejando allí.

Como resultado, estalló el escándalo, tal como Dios lo había advertido. En cuestión de algunos meses después de que finalmente partimos, la historia circulaba en los canales de televisión por todo el país, y el número de miembros disminuyó en más del cincuenta por ciento. Y continuó descendiendo durante los años a solo unos pocos cientos.

Algunas de las personas que sabían lo que Angie y yo habíamos atravesado en esa iglesia me preguntaban si me sentía bien sobre el desenlace que finalmente tuvo. ¡Por supuesto que no! Mi deseo es que cada iglesia prospere y crezca. Como dijo el apóstol Pablo:

> Es cierto que algunos predican a Cristo por envidia y rivalidad, pero otros lo hacen con buenas intenciones. Estos últimos lo hacen por amor, pues saben que he sido puesto para la defensa del evangelio. Aquéllos predican a Cristo por ambición personal y no por motivos puros, creyendo que así van a aumentar las angustias que sufro en mi prisión. ¿Qué importa? Al fin y al cabo, y sea como sea, con motivos falsos o con sinceridad, se predica a Cristo. Por eso me alegro; es más, seguiré alegrándome.
>
> Filipenses 1:15–18

Seguir adelante

A pesar de la manera en que fuimos tratados, Angie y yo sentimos que debíamos permanecer allí un tiempo más después de que tuvo lugar aquella confrontación. Marcharnos de inmediato sería como abandonar a quienes estaban sufriendo la misma clase de abuso y frustración por la que habíamos padecido. Ciertamente, no podíamos ser los únicos abusados y maltratados. Más adelante supimos, en efecto, que no fuimos los únicos quienes habían tratado de confrontar dicha cuestión, pero nadie con autoridad prestaba atención alguna.

No puedo afirmar que fuera fácil continuar bajo el ministerio de alguien que me había amenazado con arruinar mi vida y separarnos, pero tanto Angie como yo sentimos que si era el lugar en donde Dios quería que estuviéramos por un tiempo más, nos quedaríamos.

Entonces, en un servicio especial de Año Nuevo, Dios nos dio una palabra profética por parte de una fuente inesperada. En la mitad de su predicación, el pastor principal se detuvo y señaló directamente hacia la sección de la iglesia en donde Angie y yo nos encontrábamos sentados.

"Han estado diciendo que no pueden permitirse casarse", dijo, "pero Dios les dice que no pueden permitirse *no* hacerlo, y deben hacerlo pronto".

Fue como si Dios se hubiese apoderado de su cuerpo por un instante, y luego retomó su predicación.

Las personas a nuestro alrededor nos miraban como diciendo: *¿Qué fue eso?* No tenía nada que ver con el resto de lo que venía hablando en su sermón.

Aquella mañana, después de la iglesia, hablábamos con unos amigos, Tim y Leandra McHargue, quienes sabían por lo que habíamos estado atravesando y estuvieron orando por nosotros. Ellos fueron un gran sustento.

"¿Pasó algo inusual en el servicio de esta mañana?", preguntaron.

"A decir verdad, así fue", dije.

"¿Recibieron una palabra por parte del pastor principal?", preguntó Tim.

"¿Cómo supiste?".

Ambos se rieron, y Tim dijo: "Hoy orábamos para que Dios les diera una palabra por intermedio de él sobre contraer matrimonio. Robby, las puertas del ministerio se abrirán una vez que tú y Angie se casen".

Eso fue exactamente lo que sucedió. Angie y yo programamos nuestra boda para seis semanas después, y el día posterior de haber regresado de nuestra luna de miel, se abrió una vacante para pastor de jóvenes en otro lugar.

Incluso entonces, nuestras tribulaciones no habían terminado. Dos de los pastores se nos acercaron y nos dijeron: "Oímos que tienen prisa para casarse porque Angie está embarazada".

"¡De ninguna manera! ¡No está embarazada!", exclamé.

"Bueno, ¿pueden demostrar que no es verdad?".

"Esperen nueve meses, y verán", fue nuestra repuesta.

Por cierto, transcurrió un año y medio antes de que nuestro primer hijo naciera.

Confiar en Dios

Al recordar aquella época, es asombroso ver cuán despiadadamente Satanás trataba de robar nuestra identidad, tanto como pareja como en calidad de individuos. A raíz de esas experiencias, descubrí que habrá momentos cuando otras personas no creerán en usted sin importar lo que haga. Si eso sucede, lo único que podrá hacer es mantener su cabeza en alto y entender que independientemente de lo que otras personas piensen de usted, lo que en verdad importa es lo que Dios piense; y lo que usted sabe que es verdad acerca de usted.

Quisiera que sepa que no estoy compartiendo todos los detalles de lo que aconteció en esa época. Atravesamos por tantas circunstancias, y en verdad fue un tiempo difícil. Consejeros profesionales nos han dicho a Angie y a mí que lo que atravesamos fue el peor abuso personal y espiritual que alguien pudiera enfrentar. Muchos de los que están familiarizados con nuestra historia nos han dicho que es un milagro que continuáramos en el ministerio e incluso un mayor milagro que aún fuéramos cristianos. Varios de los matrimonios de nuestros amigos fueron destruidos durante aquel tiempo. La fe de muchísimas personas fue destruida, y muchos se volvieron ateos. Una gran cantidad de vidas fue arruinada.

Resistimos porque sabíamos que si Dios es por nosotros, no importaba quién o qué pudiera levantarse en contra de nosotros, y el mismo principio aplica para usted también. Usted y Dios siempre son mayoría.

En este mundo, tenemos que vivir como vencedores, no como víctimas, aunque a veces podamos ser victimizados. Después de la batalla, después de buscar la sanidad que Dios provee y de volvernos a parar en quienes en verdad somos, trabajemos para sacar a otros de los escombros de sus propias batallas. Así es como Dios actúa. Rescata a los quebrantados y los convierte en rescatadores. Esa constituye la venganza de Dios contra el ladrón de identidad, y nosotros nos unimos a Él desde el lugar de nuestra verdadera identidad.

9

CONOZCA SU IDENTIDAD

Después de esto, derramaré mi Espíritu sobre todo el género humano. Los hijos y las hijas de ustedes profetizarán, tendrán sueños los ancianos y visiones los jóvenes.

Joel 2:28

Quisiera compartirle un sueño que tuve hace más de veinte años, justo después de que Dios abrió una nueva y fresca oportunidad para Angie y para mí. Como mencioné en el capítulo anterior, al día siguiente de regresar de nuestra luna de miel, me contrataron en una iglesia nueva como su pastor de jóvenes. Poco tiempo después, tuve este sueño.

En el sueño, me encontraba en lo que parecía ser un gran gimnasio. La mayor parte de la superficie estaba cubierta por una piscina olímpica, y había una piscina del tamaño de un jacuzzi a un lado.

Luego, noté a un hombre que no había visto en por lo menos quince años. Era el líder del grupo de jóvenes de la iglesia en donde recibí la poderosa palabra por parte de Iverna Tompkins. Quizás recuerde que este grupo de jóvenes había experimentado una visitación asombrosa del Espíritu Santo, la cual se extendió por toda Atlanta. En cuestión de un mes, el grupo pasó de tener una asistencia promedio de treinta jóvenes a más de mil personas. Era tal la concurrencia en la iglesia que tuvieron que derribar una pared trasera para poder acomodar a todos.

Me sorprendió ver a este sujeto después de tantos años. También me sorprendió verlo porque yo nunca había integrado su grupo de jóvenes. En mi sueño, caminó hacia mí, y le pregunté: "¿Qué estás haciendo aquí?".

No respondió. Entonces, supe que era el Espíritu Santo acercándose a mí en una forma que no podía comprender.

Este hombre colocó su mano sobre mi hombro y dijo: "Profetiza sobre las aguas y diles que cobren vida".

Tres veces profeticé a la piscina olímpica según me ordenó, y con cada vez el agua comenzaba a burbujear. Pero después se detenía. Igual a como había sucedido en nuestra pequeña iglesia en Atlanta durante mi infancia. Baptist Chapel a menudo parecía estar encendida por el fuego de Dios, pero luego todo se apagaba y debíamos comenzar de nuevo.

Después, el hombre señaló hacia la piscina más pequeña y dijo: "Ahora, profetiza sobre esta piscina".

Nuevamente, hice conforme me ordenó. Inmediatamente, un poderoso géiser erupcionó—parecido al Old Faithful [Viejo Fiel]—y cuando el agua golpeó el techo, se convirtió en personas de todos los tamaños, edades y orígenes étnicos.

No llevó mucho tiempo para que todo el gimnasio se llenara de personas—alrededor de dos mil—todas orando unas por otras. Veía maravillado los milagros asombrosos que ocurrían a mi alrededor. Los ojos de los ciegos eran abiertos. Los cojos eran restaurados. Las enfermedades mortales desaparecían.

En medio de todo esto, un hombre se para en una plataforma. Parecía que estaba anunciando lo que el Espíritu estaba haciendo en aquel lugar. Imponía sus manos sobre algunas personas, quienes luego iban e imponían sus manos sobre otras, todos produciendo sanidades y milagros poderosos. La mejor manera en que puedo describirlo es como lo que sucede cuando usted arroja una piedra en medio de un lago y mira las ondas expandirse desde el centro. Las ondas de sanidad se expandían en todas direcciones.

Nunca había presenciado algo semejante. Según creía, Dios solo usaba a líderes poderosos para hacer sus obras. Él o ella era el canal para que los milagros sucedieran. Me asombraba al ver que las personas "nuevas" en el gimnasio se ministraban entre sí, sin requerir de un líder que intervenga por ellas.

Otro de los aspectos que me impresionó fueron las sanidades emocionales que tenían lugar. Las personas eran libradas de ira, depresión y amarguras, de todas clases de heridas emocionales. La sanidad emocional suele llevar más tiempo que la sanidad física. Dios puede sanar un cuerpo de forma instantánea, pero se requiere de un mayor tiempo sanar las almas o las mentes heridas, las cuales fueron afectadas durante años.

Mientras veía acontecer todo esto, comencé a llorar. Estaba tan conmovido al ver la ministración del cuerpo de Cristo por primera vez. Todos en aquel lugar estaban participando. Manifestaban el poder que pertenece a todos nosotros como hijos de Dios.

En el sueño, caí bajo el poder y clamé a Dios: "Señor, no lo comprendo. No entiendo qué es esto, pero tiene que suceder".

Entonces, el hombre que me acompañaba hizo que me pusiera de pie y me dijo que mirara a la persona en la plataforma. Mientras miraba fijamente a aquel hombre, su rostro se volvió visible, y vi, para mi sorpresa y asombro, que ese hombre era yo. Dios me estaba llamando a *mí* para impulsar esta clase de ministerio, para enseñárselo a su pueblo, para mostrarles el poder que hay dentro de todo aquel que pertenece a Cristo; en otras palabras, dar a conocer a las personas su verdadera identidad espiritual.

En ese momento, se abrieron las compuertas y realmente comencé a llorar.

"¡No puedo hacerlo!", lloraba. "Ni siquiera entiendo lo que está sucediendo".

Luego, empecé a dar toda clase de excusas.

"Tienes que escoger a alguien más", dije. "No soy lo suficientemente bueno. No soy capaz. Pero, por favor, permite que esto suceda. Tiene que suceder".

Mi compañero dijo: "Mira de nuevo".

Colocó su mano sobre mi hombro, y cuando lo hizo, me afirmé sobre mis pies. Esta vez, el "yo" de la plataforma se asemejaba al "yo" en el fondo de aquel lugar y me llamaba. "Tú eres el Moisés. No renuncies a esto".

Luego, desperté.

Con lágrimas en mis ojos, le dije a Dios: "No soy lo suficientemente bueno. No puedo hacerlo. Dios, encuentra a alguien más. Pero, por favor, permite que esto suceda a favor de las personas".

Crea en lo que Dios le dice

Aquel sueño permaneció fuertemente dentro de mí durante los meses siguientes. Nunca pude quitarlo de mi mente, mientras emprendía mi nuevo trabajo. Cada vez que pensaba en este, sentía una mezcla extraña de felicidad y tristeza; felicidad por lo que había visto al Espíritu Santo hacer en mi sueño, y tristeza porque había sido llamado a hacer algo más allá de mis capacidades.

El 25 de abril de 1993, un pastor que venía de visita desde Florida, llamado Dan White, predicó en nuestra congregación. Nunca antes lo había visto, ni le había contado nada acerca del sueño que Dios me había dado. No obstante, aquel día me dio una profecía la cual confirmó lo que vi en el sueño y me ayudó a conocer la respuesta de Dios ante mis temores. Dijo que las palabras de Dios para mi vida eran las siguientes:

Hijo mío, muchos te han mirado y han dicho: "¿De qué sirve?".
Muchos han dicho: "¡Ah, no hay nada en él!". Mas yo digo que
la grandeza vive en tu vientre; la grandeza vive en tus huesos;
una herencia de mi justicia vive en tus pies y en tus piernas.
Te anuncio que tus días postreros serán grandes. Fuerte será
tu ministerio. No mires a los demás. Mírame solamente a mí,
porque soy tu fuente. Soy tu capacidad. ¡Soy tu Dios!

Yo te anuncio aquello que ha estado quemando en lo profundo de tu vientre; aquello por lo que has estado diciendo:
"¡Dios, no puedo! ¡Dios, no puedo!". Pero te digo: "¡Líbralo! ¡Líbralo! ¡Déjalo ir!". Porque ha llegado el tiempo para que la voz
de mi Espíritu hable a través de ti. Ahora es el tiempo para que
la unción de lo más íntimo de tu ser sea manifestada.

Los jóvenes huirán del pecado y correrán a la santidad. Las
tinieblas se esparcirán de su alrededor. Los demonios saldrán
gritando ante tu misma presencia, porque tú eres mi escogido. Te he creado para ser una gran fortaleza para mi reino
en contra del enemigo. Te usaré para guardar a mis pequeños
a fin de que no se aparten de mí, hasta que sean desarrollados
e instruidos. Enséñales bien, hijo mío, porque estos llevarán la
imagen que he puesto en ti a todo el mundo.

Sí, te anuncié que levantaré apóstoles, profetas, evangelistas
y enviaré a maestros y pastores de tu ministerio. Tú me dijiste:
"¡Dios, tú tendrás que hacerlo!". En efecto, ¡lo estoy haciendo!
¡Lo estoy haciendo! ¡Lo estoy haciendo!

Quiero que sepas que estoy muy complacido. Me gozo en lo
que haces y en lo que harás en mi nombre. Nunca olvides que
mi mano no es negligente. Mi brazo no se acortará y mi fuerza
no ha menguado; sino que cumpliré aquello que te he hablado
de madrugada, en donde te sentaste delante de mí, llorando en
tu corazón a causa de lo que te había revelado, diciendo: "Dios,
no puedo. Dios, no soy lo suficientemente bueno. ¡Dios, escoge
a otro!".

Luego, Dan tomó mi hombro, me sacudió y exclamó las palabras finales de Dios para mí, las cuales fueron: "¡Tú eres el

Moisés! ¡Guía a mi pueblo! ¡Permanece firme! ¡Y no renuncies a lo que he puesto en tu corazón!".

Después de escuchar esta profecía, caí al suelo como una roca y comencé a temblar y a llorar. Me resulta difícil describir todas las emociones que corrían dentro de mi ser cuando escuché aquellas palabras: *gozo* de pensar que Dios quería usarme de una forma tan poderosa; *temor* porque una parte de mí todavía sentía que Dios esperaba más de mí de lo que podría realmente llevar a cabo; *asombro* al saber que Dios se preocupa tanto por mí y me vio llorar en mi cama, pidiéndole que enviara a alguien más; y *entusiasmo* porque no podía esperar a ver cómo Dios cumpliría esta profecía en mi vida.

Guarde la verdad que Dios le da

De todas las emociones que saltaban a mi alrededor después de recibir aquella profecía, el orgullo definitivamente no era una de ellas. Si Dios me había escogido para cumplir su especial propósito para su reino, se debía exclusivamente a su gracia y no a ninguna de mis virtudes. De hecho, de haber sentido algún tipo de orgullo, habría sido derribado cuando me reporté en la iglesia para trabajar el lunes por la mañana.

Allí, el pastor principal, mi jefe, me estaba esperando.

"Robby, ¿podemos hablar en mi oficina un minuto?", preguntó.

Tenía una gran sonrisa, así que no tenía idea de qué iba a suceder. Me invitó a tomar asiento, luego él se sentó detrás de su escritorio, entrelazó sus dedos y dijo: "Fue una palabra poderosa la que recibiste ayer, ¿no?".

Asentí con mi cabeza asombrado. "Quedé realmente deslumbrado", respondí.

Luego, la sonrisa desapareció de su rostro y se inclinó hacia adelante. "No quiero que te confundas aquí".

"¿Disculpe?".

Me señaló. "Tú no eres Moisés. ¡Yo soy Moisés!".

"Sí, señor, comprendo".

"Yo soy el líder aquí, y mejor que no se te olvide".

Alcé mis manos en señal de protesta. "No sé de dónde vino esa profecía", dije. "Me sorprendió tanto como a usted. Sí, lo comprendo. Usted es aquí el líder espiritual".

Ahora bien, amaba a este pastor. Era un buen hombre quien luchaba con las clases de dificultades que todos nosotros hemos alguna vez experimentado. Aun así, me tomó algún tiempo convencerlo de que nunca conspiraría contra su autoridad.

Mi punto en compartir esta historia con usted es que pueda saber que cuando responde para consumar su identidad espiritual, siempre existirán quienes traten de retenerlo y mantenerlo en su lugar. La fuente de sus intentos es el ladrón de identidad. Este tratará de convencerlos de que usted es orgulloso y arrogante y que necesitan ponerlo en su lugar, como este pastor hizo conmigo. No permita que el ladrón de identidad lo retenga, así como tampoco permita que otros lo hagan. Si alguno se siente celoso de usted por alguna razón, no es su problema, sino el de ellos. Usted haga aquello que el Señor lo llamó a hacer, y luego espere a que Él obre.

De todos modos, creo que mi pastor hizo una interpretación equivocada aquel día. Tal vez pensó que Dios me estaba llamando a una nueva y mayor posición de liderazgo, pero yo sentía que Dios estaba diciendo: "Quiero que eches el balón a rodar. Luego pasa el balón, y continúa pasándolo".

Recuerde que Dios es Rey

Además, la realidad es que Dios no necesita un rey. Él es el Rey. Lo que necesita son personas normales como usted y como yo para que actúen por medio de la fe y sean canales de su amor y de su poder.

Cuando Saúl fue elegido para ser el primer rey de la nación

de Israel, no fue porque Dios decidió que su pueblo necesitaba un rey. De hecho, justamente lo contrario. El pueblo insistía en tener un rey porque quería ser como las otras naciones de su alrededor. Solo Dios era su Rey, y Él le dijo a su profeta Samuel:

«Considera seriamente todo lo que el pueblo te diga. En realidad, no te han rechazado a ti, sino a mí, pues no quieren que yo reine sobre ellos. Te están tratando del mismo modo que me han tratado a mí desde el día en que los saqué de Egipto hasta hoy. Me han abandonado para servir a otros dioses. Así que hazles caso, pero adviérteles claramente del poder que el rey va a ejercer sobre ellos».

1 Samuel 8:7–9

Dios nunca necesitó un rey. Su propósito fue siempre que el mayor de todos fuera siervo de los demás (vea Mateo 23:11). Él es un Dios que lava los pies (vea Juan 13:1–17), un ser que no hace acepción de personas y cuya verdad es que "ya no hay judío ni griego, esclavo ni libre, hombre ni mujer, sino que todos ustedes son uno solo en Cristo Jesús" (Gálatas 3:28).

Dios nunca estuvo detrás de las jerarquías. Él busca corazones y personas dispuestas a dar un paso de fe porque han descubierto quiénes son en Cristo.

Recuerde que el Espíritu Santo no es controlado por los seres humanos. Cuando Nicodemo fue de noche a visitar al Señor, Jesús le dijo: "El viento sopla por donde quiere, y lo oyes silbar, aunque ignoras de dónde viene y a dónde va. Lo mismo pasa con todo el que nace del Espíritu" (Juan 3:8). El Espíritu Santo va a donde quiere y hace como quiere hacer. Hace milagros donde desea. Provee sanidad del cuerpo, alma y mente. Está cercano a todo aquel que le busca en sincera humildad. Si usted pertenece a Jesucristo, acceder al ministerio del Espíritu Santo es parte de su ADN espiritual.

Este debe afectar su manera de orar. Tal vez se pueda identificar con esto, pero cuando comencé por primera vez a orar para que las personas sean sanadas, a veces oraba por un largo tiempo. No estaba apurado para llegar al "amén", porque temía que pudieran decir: "Realmente no me siento diferente". Después, descubrí que la oración no es poderosa a causa de aquel que ora, sino que es poderosa por aquel que mora en nosotros y por la autoridad que nos ha dado. No tengo que tener confianza en mí mismo. Mi confianza está puesta en Él. Y suele suceder que mi oración más sencilla obtiene los mejores resultados.

Esto rige para usted también. Como dijo el apóstol Pablo: "Te basta con mi gracia, pues mi poder se perfecciona en la debilidad" (2 Corintios 12:9). Dios es fuerte en nosotros que somos débiles. Este es el evangelio.

Sepa que Dios lo cumplirá

Hemos mencionado anteriormente algunos de los héroes de la Biblia quienes lograron grandes cosas por Dios, a pesar de que no creían en sí mismos: Moisés, Gedeón, Isaías. Pero me viene alguien más a la mente quien enfrentaba un problema diferente. Creía en sí mismo y sabía que Dios lo había llamado para hacer grandes cosas, pero nadie más creía en él. Estoy hablando de un presumido llamado David.

¿Dije presumido? Absolutamente. En verdad, eso era lo que la mayoría de las personas pensaban de él, especialmente sus hermanos.

Por ejemplo, sabemos que David fue el rey más importante en la historia de Israel—por supuesto, sin contar a Jesús, el Rey de reyes—y la Biblia dice que fue un hombre conforme al corazón de Dios (vea Hechos 13:22). Sin embargo, cuando Dios escogió a David para hacer grandes cosas, era nada más que un niño flacucho quien pasaba sus días en el campo cuidando el rebaño de su familia.

Su padre, Isaí, tenía otros siete muchachos fuertes,

inteligentes y de buen parecer. Tenían bíceps sobresalientes. Dientes brillantes. Cabello perfecto. Ninguno de ellos nunca tuvo una espinilla. Si Hollywood hubiese organizado un *casting* para el próximo rey de Israel, cualquiera de ellos habría sido perfecto.

Y por otro lado estaba David.

Dios le dijo al profeta Samuel que fuera a la casa de Isaí y ungiera a uno de sus hijos para convertirse en rey. Uno por uno, los hermanos fuertes y apuestos se presentaron ante Samuel y desplegaron sus encantos. Vez tras vez, Dios decía lo mismo: "No. Este no es".

Dios dijo no siete veces, dejando a Samuel rascándose la cabeza en confusión.

"No entiendo", le dijo a Isaí. "¿Tienes más hijos?".

"Bueno, está David", Isaí respondió, moviendo su cabeza. "Pero no puede ser la persona que andas buscando. Es solo un niño".

Samuel se encogió de hombros. "Bueno, tráemelo. Necesito verlo".

Conoce el resto de la historia. Dios le reveló a Samuel que el niño pastor era, en efecto, quien Dios había escogido para guiar a su pueblo. Samuel ungió al futuro rey de la nación en medio de sus hermanos, quienes estaban furiosos (vea 1 Samuel 16:1–13).

De hecho, esto no es solo el resto de la historia.

Quizás recuerde que mucho antes de que se convirtiera en el rey de Israel, David también mató a un guerrero gigante llamado Goliat. Goliat era un poderoso soldado de los filisteos, un pueblo que estaba en guerra contra los israelitas. Todos los días, Goliat se presentaba ante el campamento israelita y desafiaba a quien se atreviese a pelear en batalla. Su propuesta era simple: "¿Por qué no escogen a alguien que se me enfrente? Si es capaz de hacerme frente y matarme, nosotros les serviremos a ustedes; pero si yo lo venzo y lo mato, ustedes serán nuestros esclavos y nos servirán" (vea 1 Samuel 17:8–9).

Día tras día, Goliat salía a desafiar a los israelitas. Y día tras día—por cuarenta días—los israelitas se sentaban temblorosos en sus tiendas, tratando de no mirarse a los ojos entre sí, porque una mirada equivocada podría malinterpretarse como el deseo de luchar.

¿Y quién los culpa? Goliat tenía aproximadamente la medida de un camión. (Entiendo que ellos no sabían lo que era un camión en ese entonces, pero le dará una idea de cuán grande era este sujeto). La Escritura lo describe de este modo:

> Salió entonces del campamento de los filisteos un paladín, el cual se llamaba Goliat, de Gat, y tenía de altura seis codos y un palmo. Y traía un casco de bronce en su cabeza, y llevaba una cota de malla; y era el peso de la cota cinco mil siclos de bronce. Sobre sus piernas traía grebas de bronce, y jabalina de bronce entre sus hombros. El asta de su lanza era como un rodillo de telar, y tenía el hierro de su lanza seiscientos siclos de hierro.
>
> 1 Samuel 17:4–7, RVR1960

A fin de que tenga una idea más clara, primeramente considere que este gigante medía más de nueve pies (tres metros). Asimismo, calcule que se necesitan cuarenta siclos para tener una libra. Un simple cálculo nos dice que su coraza pesaba 125 libras (cincuenta y siete kilos) y que la punta de hierro pesaba quince libras (siete kilos). ¡Imagínese aquí a Arnold Schwarzenegger con una sobredosis de esteroides!

Goliat era un hombre torre. Sus brazos lucían como jamones. Cuando la gente decía que tenía la cabeza en las nubes, no se referían a que estaba siempre fantaseando; sino a lo alto que era. Sus músculos tenían músculos. Tiene que ser tonto para querer enfrentarse a alguien semejante.

De lo contrario, tiene que tener mucha fe, como David.

David sabía quién era en Dios. No tenía por qué temerle a este guerrero filisteo porque abrazaba su verdadera identidad. Entendió que "Dios más uno" es siempre una combinación invencible.

La situación llegó a su punto culminante cuando Isaí envió a David al campamento con algunos paquetes para sus hermanos, quienes estaban sirviendo en el ejército israelita. Mientras David se encontraba allí, el gigante emitió su desafío diario. Como de costumbre, cuando los israelitas veían a Goliat, temblaban de miedo y huían de su presencia (vea 1 Samuel 17:24).

Pero David no se sintió intimidado. En cambio, se ofendió porque nadie del pueblo de Dios aceptaba el desafío del filisteo. Le preguntó a los soldados: "¿Qué dicen que le darán a quien mate a ese filisteo y salve así el honor de Israel?" (versículo 26). Un día escuché que David quería saber cuánto dinero recibiría, pero yo creo que se preguntaba si este sería el cumplimiento del ungimiento que había recibido por parte de Samuel.

Los hermanos de David se comportaron de la manera típica cuando escucharon que abrió su boca. Estaban furiosos:

> Eliab, el hermano mayor de David, lo oyó hablar con los hombres y se puso furioso con él. Le reclamó: "¿Qué has venido a hacer aquí? ¿Con quién has dejado esas pocas ovejas en el desierto? Yo te conozco. Eres un atrevido y mal intencionado. ¡Seguro que has venido para ver la batalla!
>
> 1 Samuel 17:28

Pregunta: ¿Sabía usted que David tenía un hermano llamado Eliab? No es exactamente un nombre conocido, pero él y David provenían de la misma familia. Tenían la misma composición genética. ¿Qué los hizo tan diferentes? David comprendió su identidad espiritual, pero no fue así con Eliab y los otros hermanos de David; por tanto, se convirtieron en nada más que notas al pie de página en la historia.

Eliab le estaba diciendo a David: "¿Quién te crees que eres, presumido?". Recuerde, David fue ungido rey en presencia de toda su familia. Eliab, al igual que los hermanos menores, se habrían sentido profundamente insultados a raíz de ello. Note la manera en que vio la confianza y el justo enojo de David como orgullo y soberbia. El ladrón de identidad estaba en pleno apogeo. Al tomar David su verdadera identidad, sería una amenaza grave para el reino de las tinieblas.

Me encanta la respuesta de David: "¿Qué he hecho yo ahora? ¿No es esto mero hablar?" (versículo 29, RVR1960). David le estaba suplicando a su hermano dejar atrás sus diferencias personales. Se encontraban en una situación de suma importancia, en la cual toda la nación corría peligro.

Luego, vemos que David "caminó hacia otros y les preguntó lo mismo, y recibió la misma respuesta" (versículo 30, NTV).

Pobre David. Todos lo desafiaban. Nadie podía ver más allá de un niño orgulloso. Resulta interesante notar que lo acusaban de ser orgulloso cuando es evidente que *su* orgullo había sido herido. Ellos tenían miedo de enfrentar al gigante, y les enfadaba que este muchachito, quien era demasiado joven para estar en el ejército estuviera dispuesto a hacerlo. ¡Odiaban el hecho de que David tuviera más valentía y fe que ellos!

Poco después, vemos que David sale al campo de batalla para enfrentarse a Goliat, diciéndole:

> Tú vienes contra mí con espada, lanza y jabalina, pero yo vengo a ti en el nombre del Señor Todopoderoso, el Dios de los ejércitos de Israel, a los que has desafiado. Hoy mismo el Señor te entregará en mis manos; y yo te mataré y te cortaré la cabeza. Hoy mismo echaré los cadáveres del ejército filisteo a las aves del cielo y a las fieras del campo, y todo el mundo sabrá que hay un Dios en Israel. Todos los que están aquí reconocerán que el Señor salva sin necesidad de espada ni de

lanza. La batalla es del Señor, y él los entregará a ustedes en nuestras manos.

1 Samuel 17:45–47

Un discurso nada malo por ser un muchachito quien salió a pelear contra un sujeto que medía más de nueve pies (tres metros). Pero estas palabras no eran palabras vanas. Recuerde aquello que se mencionó anteriormente: fe se deletrea R-I-E-S-G-O, y David aquí redobló el riesgo. La Biblia no nos dice que el Señor le mostró a David en un sueño o por medio de una palabra que vencería al gigante. David no tenía garantía de ello. Solo tenía su inquebrantable fe puesta es Dios.

Y Dios se manifestó. En poco tiempo, Goliat y los filisteos fueron derrotados. Casi puedo imaginarme que tan pronto como David mató a Goliat y le cortó la cabeza, todo el ejército israelita, incluso Eliab, irrumpieron en aplausos de autofelicitaciones—"¡Hurra! ¡Lo logramos!"—a pesar de que fue David, y no ellos, quien mató al gigante.

Aprendemos de esta historia que no existen límites para lograr grandes cosas si caminamos en nuestra verdadera identidad en Cristo. La única persona quien creía que David podía derrotar a Goliat era David mismo—y el Dios que le lanzó un golpe detrás de aquel "muchachito". Fue escogido para reinar. No era arrogante u orgulloso, como creía Eliab, sino más bien estaba confiado en lo que el Señor ejecutaría. Como le dijo David al gigante: "La batalla es del Señor" (versículo 47).

Con todo esto quiero expresar que no debe temer si las personas lo menosprecian o lo critican. Elija ser alguien que agrada a Dios más que a las personas, y Él lo usará para hacer grandes cosas.

Crea que Dios puede usarlo

Hace mucho tiempo, un pastor amigo mío me contó sobre un incidente gracioso que tuvo lugar cuando invitó a la gente a pasar al frente para recibir oración por sanidad, al término del servicio de adoración del domingo a la mañana.

Un hombre anciano avanzó lentamente hacia el altar. Después de escuchar la larga lista de las enfermedades del hombre, mi pastor amigo dijo: "Muy bien, pidámosle a Dios que lo sane".

El caballero dio un paso atrás.

"No, no quiero que ore por mi sanidad", expresó.

"¿No quiere?".

"Oh, no. Solo quiero que ore para que Dios me ayude a obtener un pasaje de autobús a Tulsa, Oklahoma, para que Oral Roberts ore por mí. Si logro conseguirlo, sé que recibiré sanidad".

Como puede ver, este anciano tenía poca confianza en su pastor local. El pastor podría ser muy bueno orando por un pasaje de autobús, pero cuando se trataba de sanidades, olvídelo.

Creo que hay muchos cristianos que tienen la misma actitud, especialmente en esta era de celebridades cristianas. Vemos en la televisión a las superestrellas de la fe, y creemos que son los únicos quienes pueden mover la mano de Dios para sanar y hacer milagros.

No es verdad.

Ahora, por favor entienda que no estoy criticando a los hombres y mujeres que predican el evangelio en televisión, escriben los libros más vendidos o se han hecho conocidos porque edificaron megaministerios. ¡Gracias a Dios por ellos! Ministran a millones de corazones y vidas para Jesús cada semana.

Al mismo tiempo, ellos no tienen ningún poder o privilegio especial que usted no tenga como un seguidor de Jesús, tales como ver milagros acontecer, orar por las personas y verlas ser sanadas y ordenar al cojo a que se levante y ande. Todo esto es parte de su identidad espiritual como un discípulo de Cristo. ¡Solo necesitamos vivir el R-I-E-S-G-O!

Usted y yo somos parte de un sacerdocio santo. No puedo dejar de insistir en que Dios espera de nosotros que oremos los unos por otros, ministremos sanidad a los enfermos, bendigamos aquellos entre nosotros que están luchando financieramente y en general, apoyarnos mutuamente en cada situación posible. El apóstol Pablo lo expresa de la siguiente manera en su carta a los efesios:

> Él mismo constituyó a unos, apóstoles; a otros, profetas; a otros, evangelistas; y a otros, pastores y maestros, a fin de capacitar al pueblo de Dios para la obra de servicio, para edificar el cuerpo de Cristo. De este modo, *todos* llegaremos a la unidad de la fe y del conocimiento del Hijo de Dios, a una humanidad perfecta que se conforme a la plena estatura de Cristo.
>
> Por su acción *todo el cuerpo* crece y se edifica en amor, sostenido y ajustado por todos los ligamentos, según la actividad propia de cada miembro.
>
> Efesios 4:11–13, 16, énfasis añadido

El énfasis añadido a las palabras *todos* y *todo el cuerpo* se debe a que quisiera llamar su atención a las referencias de Pablo del ministerio del cuerpo. Cada miembro del cuerpo es importante, y cada miembro tiene una función vital que cumplir. Mi función es importante, al igual que la suya. No debemos olvidarnos de esto. ¿Recuerda la visión en la cual las personas normales sanaban a otras personas en mi sueño?

Quizás haya tenido la difícil experiencia de orar fervientemente por alguien y no ver una respuesta inmediata. Si este fuera el caso, ¡no deje de intentarlo! Continúe golpeando, buscando, pidiendo, y Dios comenzará a responder.

En ese sentido, tal vez le interesaría echarle un vistazo al clásico libro de John Wimber titulado *Power Healing* (Sanidad poderosa).[1] Por diez meses, después de que Wimber y su congregación se dieron cuenta de que debían orar por los enfermos, nada sucedió. Parecía que ninguna oración era respondida. Wimber expresó con toda honestidad en su libro sobre su agonía y desesperanza por la falta de resultados.

Finalmente, después de esa sequía prolongada, las sanidades y milagros comenzaron a suceder. Cuando esto ocurrió, Wimber recibió una visión de un panal gigante en el cielo, el cual goteaba miel sobre las personas que estaban debajo. Algunas de ellas lloraban y sostenían sus manos para atraparla, mientras que otras se irritaban y se quejaban del desastre pegajoso.

Wimber reconoció que su experiencia no era normal. Conocía a muchos cristianos a quienes Dios les respondía de forma asombrosa la primera vez que estos oraban por sanidad. Yo he visto lo mismo. ¿Recuerda mi historia sobre el joven que oró para que la audición del hombre sordo fuera restaurada? Sin embargo, si ha comenzado a dudar de que sus oraciones sean efectivas, continúe buscando a Dios, y experimentará su misericordia descender como miel.

Sepa que el objetivo de Dios nunca es verlo fracasar. Quiere que prospere y reine con Él. Y si Dios está con usted, ¿quién puede levantarse en su contra? ¡Nadie!

10

RECIBA UN NUEVO CORAZÓN

"Les daré un nuevo corazón, y les infundiré un espíritu nuevo; les quitaré ese corazón de piedra que ahora tienen, y les pondré un corazón de carne".

Ezequiel 36:26

Al poco tiempo de que Dios me diera aquel sueño increíble y recibiera la profecía a través de Dan White, conocí a un pastor en una conferencia, quien me contó que estaba buscando un pastor de jóvenes. Su iglesia tenía una gran tradición. Billy Graham había predicado allí, como también lo hizo Oral Roberts. Sin embargo, tras el fallecimiento del pastor fundador, la iglesia atravesó tiempos difíciles.

Este pastor y su esposa eran personas maravillosas, dos de las mejores personas de Dios que he conocido. La iglesia en sí era un poco anticuada. Era una de esas iglesias en donde todos los miembros del coro vestían túnicas y se sentaban en el área del coro cada domingo. Solo dos adolescentes asistían regularmente, y aun así, la iglesia me contrató como su pastor de jóvenes por el doble del salario que había estado ganando. Realmente necesitaban a un evangelista fuerte, alguien que pudiera salir a la comunidad y traer a los jóvenes a Cristo y a la iglesia.

Entonces, juntamos a un grupo de personas para renovar el antiguo y deteriorado salón de jóvenes, y comenzamos a tener reuniones allí. A los pocos meses, comenzamos a recibir alrededor de veinticinco jóvenes; pero quería hacer algo más para alcanzar a la juventud para Cristo.

Allí fue cuando Dios me iluminó con la idea de llevar a cabo una conferencia de jóvenes e invitar a otros jóvenes de la ciudad. Contacté a algunos amigos oradores y músicos reconocidos, invité a una gran banda de otra iglesia de la ciudad y comenzamos a pegar carteles a los alrededores. La conferencia, la cual denominamos Impact Weekend [Fin de semana de impacto] resultó ser un éxito tremendo. Asistieron alrededor de quinientos adolescentes. Compartimos un hermoso tiempo de adoración, los que estaban encargados de traer la palabra hicieron un gran trabajo y muchos adolescentes fueron salvos.

Sacudido por Dios

Fue mientras me congregaba en dicha iglesia cuando oí por primera vez el nombre de John Wimber, fundador de la agrupación conocida como la Association of Vineyard Churches [Asociación de iglesias La Viña]. Esta historia se relata más detalladamente en mi primer libro, *Do What Jesus Did* [Hacer lo que hizo Jesús], pero a raíz de que este episodio ocupa un lugar tan importante en mi vida, quisiera brevemente volver a mencionarla.

En este punto, me encontraba escéptico de todo aquello que se pareciera a lo que consideraba como un exceso carismático. A causa de algunas experiencias dolorosas de mi pasado, era extremadamente cuidadoso, e incluso un poco cínico.

Un domingo a la noche, una mujer proveniente de Finlandia vino a predicar en la iglesia. Mientras la escuchaba, pensaba que quienquiera que la haya invitado había cometido un gran error. Su falta de dominio del inglés me hacía difícil comprender lo que decía. Una cosa que sí entendí—al menos en parte—fue que había atravesado por diversas luchas en su vida hasta que asistió a un servicio en donde John Wimber estaba predicando.

(Ella lo llamaba Vimber). Habló sobre "embriagarse" en ese servicio y luego salir a orar por la gente.

A mi entender, sus palabras no tenían demasiado sentido. Debí haber sabido que ella hablaba sobre estar ebrio en el Espíritu (vea Efesios 5:18). Pero mi corazón estaba cerrado, y supongo que en verdad no quería entender.

Todo empeoró cuando su predicación concluyó y pidió que las personas pasaran al altar para recibir oración. Todo aquel por quien ella oraba se caía para atrás, y eso no me gustaba. Sabía que "caerse bajo el poder" constituía una manifestación real de la presencia de Dios. Lo había visto antes, por primera vez en la escuela intermedia cuando aquel predicador oró por mí para que recibiera al Espíritu Santo. Sin embargo, consideraba que se había vuelto una moda entre los cristianos carismáticos y lo que sucedía en muchas iglesias no era genuino. Incluso había visto a personas mirar por encima de sus hombros para asegurarse de que alguien estuviese allí para sujetarlas cuando cayeran al piso. También había visto que muchos evangelistas empujaban a las personas tan fuerte para hacerlas caer.

A Angie y a mí nos habían orado varias veces para que nos cayéramos, pero nunca sucedió.

Para mí era prueba suficiente de que no era real.

De regreso a la historia, me encontraba tan molesto por lo que estaba sucediendo en el servicio que quería marcharme, a pesar de que era el pastor de jóvenes. Angie tenía otros planes.

"¡Voy a pasar para pedir oración!", dijo.

"¡Estás loca!", le respondí.

No me escuchó. Imagínese mi sorpresa cuando se cayó al suelo, al igual que las demás personas.

Finalmente, también decidí pasar para recibir oración. Pero había determinado que no me caería. Odio decirlo ahora, porque entiendo cuán equivocado estaba, pero mi intención real en pasar adelante para oración era demostrar que la oradora era un fraude.

Ahora bien, soy un hombre corpulento. Cuando subí allí, me preparé como un jugador en la línea de defensa esperando a su rival. No existía posibilidad alguna de que esta mujer pequeña pudiera hacerme caer a menos que el Espíritu Santo estuviera involucrado.

Se estiró para tocar mi cabeza, pero luego pareció cambiar de opinión:

"No", dijo. "Padre, hazlo tú".

Tan pronto como pronunció esas palabras, comencé a inclinarme hacia atrás. Estaba sorprendido. Vi pasar el ventilador de techo y grité: ¡No puede ser! Justo cuando pronuncié la palabra *ser*, quedé inmóvil en esa posición—con mi boca abierta, mi mirada incrédula, mis manos paralizadas en mi cabeza como garras, en asombro—. El hombre que sujetaba a las personas no me atrapó hasta que estuve a pocas pulgadas del suelo. El impacto de mi peso rasgó sus pantalones desde la cremallera hasta la cintura. Tuvo que pedir prestado el suéter de una mujer para sujetárselo a su cintura por el resto de la noche.

Permanecí en el suelo, inmovilizado, por aproximadamente tres horas, lágrimas corriendo por mi rostro. Sabía que algo me estaba sucediendo, pero no sabía qué. No sentía nada en particular, pero estaba paralizado. Recuerdo que todo el tiempo tuve mis ojos abiertos y pensaba: *¿Por qué estoy llorando? ¿Por qué estoy llorando?*

Mientras estaba tendido en el suelo, tuve una visión sobre huesos secos, muy similar a la de los huesos secos relatada por el profeta Ezequiel (vea Ezequiel 37:1–14). Huesos frágiles y en descomposición estaban esparcidos delante de mí. A dondequiera que mirase, veía nada más que huesos secos cocinándose al sol.

Dios me habló y me dijo que profetizara a aquellos huesos,

así que eso hice. En un lugar en donde no había nada excepto un cementerio de huesos, miles y miles de personas fuertes y saludables se acercaban unidas, preparadas para avanzar por el reino de Dios. Sabía que esta era su Iglesia.

Entonces el Señor me volvió a hablar y me dijo: *Para esto te he llamado. Pero nunca olvides que tú eras la pila de huesos más seca.*

Ese fue un momento crucial en mi vida como un seguidor de Cristo y en mi ministerio como pastor y evangelista. Comencé a oír la voz de Dios con mayor claridad. Cuando oraba por personas que no eran cristianas, tenían un fuerte sentido de la presencia de Dios. Como mencioné en *Do What Jesus Did*: "De pronto sabían que Él era real, y respondían. Nunca antes había visto algo semejante, pero en cuanto a mí, era el principio de un camino hacia el entendimiento de lo que significa ser un portador de su presencia".[1]

Surgen los problemas

Dios estaba obrando. Y Satanás estaba furioso. Los problemas venían en camino.

Lo primero que noté fueron las quejas sobre que el orador principal a quien había invitado para nuestro Impact Weekend [Fin de semana de impacto] era negro. Esto me sorprendió y me entristeció porque era un hombre poderoso de Dios. Odiaba que las personas lo juzgaran simplemente por el color de su piel.

Posteriormente, hubo quejas acerca de algunos de los jóvenes que se acercaron a nuestra iglesia. Nuestro programa juvenil estaba teniendo un gran éxito, pero a la gente no le agradaba el hecho de que algunos de los jóvenes provenían de un entorno de rebeldía. No se sentían cómodos con que estos jóvenes tuvieran tatuajes. No les gustaba su forma de vestirse. No importaba que esta juventud hubiera dejado atrás su estilo de vida hedonista y viniera a Cristo. Algunas personas no los querían cerca porque no tenían un aspecto pulcro al estilo americano. A fin de cuentas, esta era una iglesia en donde casi todos vestían trajes para cada uno de los servicios.

La gente también estaba molesta porque el pastor quería incorporar a la iglesia un estilo de alabanza más contemporáneo, y lo veían como una amenaza a su identidad. "Pero siempre lo hemos hecho de esta manera", protestaban.

La congregación acabó sometiendo al pastor a una votación. Estaba seguro de que una gran mayoría lo apoyaría, pero me equivoqué. Este hombre de Dios perdió por diferencia de un voto y lo despidieron de la iglesia ese mismo día.

La junta de la iglesia me pidió que me quedara e incluso me ofreció el puesto del pastor, pero no lo acepté. Sabía que me podría suceder lo mismo. Me dijeron que me sintiera en libertad para llevar a la iglesia en la dirección que creyera conveniente, pero entendía que me dijeron eso porque era joven y pensaban que haría todo lo que ellos quisieran. Intenté permanecer allí y luchar por lo que creía justo, pero no funcionó.

Después de algunos meses, se me acercaron dos de los ancianos y me pidieron que renunciara. Lo que no sabían era que ya había contratado un camión de mudanza. Dios ya había abierto otra puerta, y Angie y yo nos mudamos a Illinois.

Un milagro menonita

Sucedió que había llamado a un amigo mío en Christ for the Nations [Cristo para las naciones] y le pregunté si conocía a alguien que estuviera buscando un pastor de jóvenes.

"Sí, tengo el lugar perfecto para ti", dijo. "Les agradarás. Te informaré el número telefónico, pero no te voy a dar el nombre de la iglesia".

"¿Por qué no?".

"Sin preguntas. Solo llámalos".

Cuando me comuniqué, la asistente respondió: "Brethren Mennonite Church [Iglesia de hermanos menonitas]".

Cuando el pastor tomó la llamada, dije: "Lo siento, pero ¿podría repetirme el nombre de la iglesia?".

Soltó una risa entre dientes y dijo: "Brethren Mennonite Church".

"¿Menonita?", pregunté.

"¿Está llamando con relación a la posición de pastor de jóvenes?".

"Así es, pero no sé nada acerca de los menonitas. ¿Son ustedes los que aún usan carruajes?".

Se rio. "Esos son los amish".

Prosiguió a brindarme una explicación sobre los orígenes de los menonitas y dijo que Brethren Mennonite era una iglesia menonita llena del Espíritu Santo. Me preguntó si eso sería de impedimento.

Respondí: "No, mientras pueda conducir mi auto y no tenga que vestirme de negro y azul todo el tiempo".

La iglesia estaba ubicada en una pequeña zona residencial en Illinois la cual tenía alrededor de seis mil habitantes. Angie y yo siempre habíamos vivido en la ciudad, pero nos enamoramos de este hermoso pueblo pequeño. También las personas eran muy agradables. Habría doscientos cincuenta miembros en la iglesia, y todos parecían llevarse bien entre sí.

No había pasado mucho tiempo desde mi llegada allí, cuando algunas personas viajaron a Toronto para asistir a los servicios de Vineyard Fellowship. Había comenzado un poderoso avivamiento, y querían ver de primera mano qué era lo que sucedía allí.

Al domingo siguiente, me llevé una sorpresa cuando llegué a la oficina de la iglesia antes de mi clase dominical. Una de las colaboradas—una señorita menonita llamada Norma—se estaba riendo y moviendo sus manos en el aire como si estuviera ebria. Cuando me acerqué, me sopló y dijo: "Tiene que recibir lo que yo tengo".

Pensé: *Vaya, ha perdido la cordura.*

Me dirigí hacia la oficina pastoral para ver si él sabía qué estaba ocurriendo. El pastor era un hombre quien siempre vestía de manera impecable. Cada cabello estaba siempre en su lugar. El nudo de su corbata estaba perfectamente alineado como una regla, pero hoy estaba un poco hacia un costado.

"Pastor", pregunté, "¿ha visto a Norma?".

"¿Por qué? ¿Qué sucede?".

"Se está riendo como una loca".

Él se paró, golpeó su pierna y comenzó a reírse a carcajadas. "¡Ay, Robby, ni te imaginas! Vivimos la experiencia más hermosa en Toronto. Esto va a transformar nuestra iglesia".

Pensé: *Sí, nos convertiremos en un manicomio.* Me le acerqué para ver si había estado bebiendo.

En el servicio de aquel día, todas las personas que habían estado en Toronto no cesaban de reírse y de golpear sus piernas, y a mí no me agradaba en absoluto. Le dije a Angie: "Esto no está bien. Voy a terminar con todo esto".

Me acerqué al micrófono, y el líder de alabanza dijo: "Creo que Robby tiene una palabra para nosotros".

Para mi gran sorpresa, me oí a mí mismo decir: "Tengo una palabra por parte del Señor. Escucho al Señor decir: 'Eso es. Entren'".

Regresé a mi asiento, y Angie me preguntó: "¿Por qué dijiste eso?".

Moví mi cabeza. "No lo sé. Todo lo que sé es que fue extraño. No puedo explicar por qué o cómo sucedió".

Manos en alto

A la semana siguiente, Jean Chapman, la secretaria de la iglesia, quien también había estado en Toronto, me trajo un video que quería que viera.

No estaba seguro si quería mirarlo. "Me resulta algo raro", dije.

Insistió en que debía echarle un vistazo, así que acepté.

Conecté una videograbadora y un monitor en mi oficina—era el año 1994—e introduje el video. Al final, resultó que disfruté de la adoración y de la enseñanza dada por Larry Randolph, un gran predicador con un tremendo sentido del humor. Cuando llegó al final de su mensaje, invitó a pasar adelante a los que colaboraban en el ministerio.

Una de las mujeres del equipo era evidentemente discapacitada. Su cabeza y sus brazos temblaban, y pensé: *Es tan considerado de su parte que esta mujer con Parkinson integrara el equipo de colaboradores*. Sin embargo, casi de inmediato, sus dos brazos se levantaban en el aire. *Espere un minuto*, me di cuenta. *No es discapacitada*. Cada pocos minutos, sus manos se levantaban, y no me gustaba.

"¡Esto no proviene de Dios!", grité.

No obstante, la próxima vez que sus manos se levantaron, las mías hicieron lo mismo. Me dije a mí mismo: *Oh, Dios, ¿qué es esto?*

Después de eso, cada vez que sus manos se levantaban, sucedía lo mismo con las mías. Todavía no me agradaba lo que estaba ocurriendo, así que me levanté y apagué el monitor. Aun así, mis brazos continuaban moviéndose en el aire cada uno o dos minutos. Miré en dirección a la videograbadora y vi que los segundos seguían corriendo. Había apagado el monitor, pero el video todavía seguía avanzando. Recién cuando apagué el video, la "locura" se detuvo.

Cuando más tarde le conté a Jean que el video no me interesó demasiado, me preguntó: "¿Te gustó la alabanza?".

"Sí".

"¿Te gustó la predicación?".

"Bueno, sí".

"Tienes que mirar otro video", dijo, "y esta vez míralo hasta el final".

Acepté, y en el video siguiente aparecía Randy Clark compartiendo su testimonio. Me conmovió su sinceridad y su humildad. Nunca antes había escuchado a un pastor tan abierto y vulnerable como lo fue él. Recuerdo pensar: *Este es un hombre a quien podría seguir*. Podía sentir la presencia de Dios mientras hablaba, así que sabía que la unción estaba sobre él.

Un nuevo corazón

Durante aquel tiempo, sentía cierto grado de desconexión ante a lo que estaba ocurriendo con algunos en la iglesia. Deseaba una relación más profunda y más fuerte con Dios, pero estaba escéptico de la "risa santa" y otras experiencias que habían llegado a nosotros por medio del Toronto Vineyard.

Estaba leyendo un libro por Winkie Pratney titulado *Revival: Its Principles and Personalities* [Avivamiento: sus principios y características], el cual estaba impactando mi vida. Me sentí conmovido cuando leí acerca del avivamiento de Cane Ridge y también sobre la conversión de Charles Finney. Él describía olas de manifestaciones, las cuales llamó *amor líquido*. A veces no podía decir si había estado en su oficina tres horas o tres días ya que ola tras ola de amor divino se apoderaba de él. Mientras leía, pensaba: *No conozco al Dios de Charles Finney. No conozco lo que él experimentó. Quiero conocer a Dios de ese modo.*

Había estado pensando en ese día cuando Jean entró a mi oficia con algunas cartas que debía firmar. Se detuvo y dijo:

"¿Oíste lo que te acabo de decir? Dios está en tu oficina ahora mismo".

Respondí: "Todo lo que sé es que estoy harto y cansado de ser el hombre débil, complacedor de líderes en el Cuerpo de Cristo".

Tan pronto como pronuncié dichas palabras, comencé a sentir algo profundo en la boca de mi estómago. Sentía como náuseas, y subían por mi garganta. Temía que fuera a vomitar en toda mi oficina. Cuando abrí mi boca, comencé a reírme de manera descontrolada.

No podía dejar de reírme. Me reía, reía y reía. Más tarde, Jean me dijo: "Tus ojos mostraban puro terror, pero tu boca estaba experimentando una fiesta". Sentía que me acontecía una especie de purificación.

El teléfono sonó, así que Jean se retiró de mi oficina.

De pronto, mi silla voló por el aire conmigo sentado en ella y me caí al suelo. La silla se fue en una dirección y yo hacia otra. Permanecí tendido en el suelo bocabajo, riendo y riendo.

Mientras estaba recostado allí, el Señor me habló y dijo: *Te daré un nuevo corazón*. Sentí un dolor y una presión inmensa en mi pecho, como si estuviera teniendo un infarto, y comencé a convulsionar. Mi cabeza daba golpes contra el piso de cemento recubierto de alfombra.

Jean, al oír el ruido, trató de acercarse para asegurarse de que estuviera bien, pero la presencia de Dios era tan fuerte que no podía estar de pie. Entonces, se tuvo que agachar y arrastrarse hacia mí, al estilo militar, a fin de traerme un almohadón del sofá para colocarlo bajo mi cabeza para suavizar los golpes.

Siete veces en las siguientes cuatro horas, tuve la sensación de que una mano atravesaba mi espalda y tomaba mi corazón, y cada vez que lo hacía, creía que moriría allí mismo.

Hacia el final de esta experiencia increíble, tuve una visión conmovedora. Me vi a mí mismo escalando una colina en la oscuridad, sin una linterna. Cuando llegué a la cima de la colina, vi a Jesús, y era como esa pintura famosa en donde el Señor está mirando hacia Jerusalén y diciendo: "¡Jerusalén, Jerusalén, que matas a los profetas y apedreas a los que se te envían! ¡Cuántas veces quise reunir a tus hijos, como reúne la gallina a sus pollitos debajo de sus alas, pero no quisiste!" (Mateo 23:37).

De pronto, ya no era la antigua Jerusalén, sino una ciudad moderna, llena de electricidad y autos y luces. Cuando Jesús levantó su mirada, dijo: *Oh, mi Iglesia, mi Iglesia, que estás llena de poder y, sin embargo, yo no soy la fuente de ese poder. Has aprendido a producir tu propio poder.*

Comencé a llorar. No estoy seguro siquiera si lograba comprenderlo, pero comencé a lamentarme. Tenía este sentimiento inmenso de pérdida, angustia y tristeza, mientras escuchaba a Jesús llorar por su pueblo.

En la visión, escuché un ruido y miré hacia la izquierda. Ascendiendo por detrás de la colina, un grupo de personas de aspecto desalineado estaban abriéndose camino en medio de la oscuridad. No tenían linternas. Lucían harapientos y perdidos. Jesús, viéndoles, abrió sus brazos para recibirles y luego terminó.

Cuando me levanté del suelo, había un charco debajo de mi cabeza a raíz de todo el sudor, mocos y lágrimas que había derramado. Corrí hacia el tocador y me miré al espejo; no me reconocía. Literalmente, extendí mi mano para tocar el espejo en asombro.

Cuando llegué esa tarde a casa, Angie me recibió en la puerta. Cuando me vio, giró su cabeza hacia el costado y me preguntó: "¿Qué te sucedió?".

"¿A qué te refieres?".

"Luces diferente".

"¿En qué sentido?".

"Te ves totalmente diferente. Y suenas diferente. Algo te ha sucedido".

Antes de que pudiera explicarle, mi madre llamó al teléfono.

Tomé el teléfono y dije: "¿Hola?".

"Oh, hola, habla la mamá de Robby", dijo.

"Sé quién eres. No vas a creer lo que me sucedió hoy. Me ocurrió algo tan extraño que ni siquiera puedo ponerlo en palabras".

"Bueno, me encantaría escucharlo algún día", dijo, "pero estoy llamando para hablar con mi hijo".

"¡Mamá, soy yo!".

Era como si no me oyera. "Bien, permítame hablar con Robby".

"¡Mamá! ¡Soy Robby!".

"¿En serio?".

Podía darme cuenta de que estaba sorprendida.

"No suenas como siempre", dijo.

Dios me había transformado. Mi vida nunca sería la misma después de aquel día.

11

ME VOLVÍ TORONTONIANO

Porque el reino de Dios no consiste en palabras, sino en poder.

1 Corintios 4:20, RVR1960

Después del encuentro maravilloso con Dios en mi oficina, el evangelismo alcanzó un nivel completamente nuevo para mi vida. Existía un poder en mis palabras que atraía a las personas cuando hablaba. Parecían ansiosos por escuchar acerca de Jesús y prestos a responder a su invitación de acercarse a Dios por medio de Él. Y ahora que había experimentado su amor y su poder de una forma tan increíble, me sentía más deseoso que antes de hablarles a todos de Jesús.

Había sido algo escéptico acerca de lo que oía sobre aquello que acontecía en Toronto Vineyard, pero es difícil dudar de lo que ha experimentado usted mismo. Cuando me surgió una oportunidad para viajar a Toronto y participar del avivamiento allí, no lo dudé ni por un minuto. ¡Fue una experiencia increíble!

Mientras un grupo de nosotros desde Illinois nos hacíamos paso en el edificio, un hombre se nos acercó y preguntó: "¿Dónde está el santuario?".

Le indiqué. "Solo siga caminando".

Cuando continuó, comenzó a agacharse y a andar como un pato. Sí, como un pato. Lo llamé y le pregunté si había estado en este encuentro antes.

"No, es mi primera vez", respondió.

Claramente, había sido tocado por el poder y la presencia de Dios.

También nosotros la sentimos, tan pronto entramos. Se escuchaba un clamor en aquel lugar, mientras las personas se ministraban entre sí, recibían sanidad y caían bajo el poder del Espíritu Santo. Fue exactamente lo que había visto en el sueño de Moisés hacía años.

Un momento de ebriedad

Mientras buscábamos nuestros asientos, algunos ujieres nos entregaron una hoja de papel a fin de que pudiéramos escribir y entregar nuestros testimonios. Al hacer esto, estábamos prestando nuestro consentimiento de pasar adelante y compartir nuestro testimonio desde el púlpito si nos llamaban por nuestros nombres.

Me volví hacia Angie y le dije que iba a redactar una reseña de lo que había sucedido en mi oficina. Sus ojos me dijeron que no estaban de acuerdo. Ella temía que me desilusionara si no me llamaban.

"Hay miles de personas aquí", dijo. "¿Cuáles son las posibilidades de que escojan tu testimonio?".

"Veremos", dije, mientras comenzaba a relatar el episodio.

Hacia el final de la adoración, observé un conducto de ventilación en el techo y noté algo como agua que comenzaba a gotear. Parecía algo luminoso, como un espejismo. Lo que sea que fuera, cada vez estaba más cerca. Finalmente, calló, aterrizando en mi nariz, en donde comenzó a moverse. Cuando esto sucedió, me sentí ligeramente mareado con un suave cosquilleo, y comencé a reírme. Se sentía semejante al efecto del gas hilarante o gas de la risa que aplican los dentistas.

Como era de esperarse, todo el lugar se volvió tranquilo

mientras la gente adoraba a Dios, así que Angie me daba empujoncitos.

"¿Qué estás haciendo?", me preguntó.

Me volví a ella con una gran sonrisa en mi rostro y dije: "Están a punto de decir mi nombre".

Tan pronto como dichas palabras salieron de mi boca, uno de los líderes se acercó al micrófono y dijo: "Vamos a tomar un tiempo para compartir los testimonios. ¿Está presente Robby Dawkins?".

Le sonreí a Angie. "¿Ves? ¡Te lo dije!".

Comencé a caminar hacia el frente. Ahora bien, he visto un video de la ocasión, y desde el video, puedo notar que comencé a moverme en cámara lenta mientras caminaba. Creí en ese momento que estaba caminando de forma normal, pero cuando miro el video, parece que estoy caminando en la luna.

Cuando llegué a la plataforma, me sentía inestable. *Creo que estoy ebrio*, pensé, dándole a Efesios 5:18 un nuevo significado: "No os embriaguéis con vino, en lo cual hay disolución; antes bien sed llenos del Espíritu" (RVR1960).

Alguien me hablaba.

"Ahora, escuche, usted escribió su testimonio", susurraban.

"¿Podría compartir su historia, y atenerse a lo que escribió en el papel?".

Estaba confundido. "¿Papel? ¿Qué papel? ¿Escribí en un papel?".

No estaba seguro sobre lo que esa persona me estaba hablando, pero me lancé.

"Sabe", dije, "estoy sentado allí atrás, y de pronto esta cosa comenzó a caer desde la ventilación de allí arriba. Luego, comenzó a danzar sobre mi nariz; y empecé a sentir esta sensación extraña. Y ahora siento este gozo y amor enorme".

"Apéguese a la historia", el hombre me volvió a susurrar.

Ay, eso es. Mi testimonio. Ahora recuerdo.

Logré contar lo que sucedió en mi oficina, pero hablaba realmente lento, y mi dificultad para hablar aumentaba a medida que avanzaba. Cuando más tarde miré el video, me di cuenta de que omití contar una gran porción de la historia. Y cuando llegué al final, dije: "Todo lo que sé es que lo que está sucediendo en este lugar ahora mismo es Dios, y eso es. Eso es todo". No me di cuenta en ese momento, pero aquellas palabras fueron casi las mismas palabras que había usado en mi ciudad, cuando traté de hablar en contra del mover de Dios en el servicio de la iglesia.

John Arnott, el pastor de Toronto Vineyard, se encontraba parado a mi izquierda. Giró hacia mí y dijo: "Dios te bendiga, Robby". Cuatro simples palabras; pero cuando las pronunció, fue como si una ráfaga de aire me golpeara en el pecho, y me caí al suelo *"¡bum!"*.

Posteriormente, cuando miré el video, pude ver que mis piernas volaron en el aire, primero una, luego la otra, como si estuviera andando en bicicleta. Cuando otro hombre subió a compartir su testimonio, él también, cayó al suelo. Comencé a balancearme de un lado a otro, y él hacía lo mismo. Ambos nos veíamos como dos nadadores sincronizados. Permanecimos allí en el suelo durante el transcurso del servicio, moviéndonos de un lado a otro, ebrios en el Espíritu.

Más tarde, le dije a alguien que si pudiéramos tomar este poder y embotellarlo, podría transformar al mundo. En ese entonces, desconocía por completo el movimiento Vineyard [La Viña], así como también el evangelismo poderoso, pero pensé: *Si esto es La Viña, quiero ser parte.*

Una frase familiar

Cuando regresé a mi iglesia, estaba determinado a alcanzar a la juventud de la ciudad para Cristo. Una de las primeras cosas que hicimos fue comenzar a repartir perros calientes a los jovencitos que se reunían en las "esquinas de fumadores" de la escuela secundaria. Era donde los estudiantes que fumaban se juntaban para pasar su hora de almuerzo, y entendía que gastaban todo su dinero en cigarrillos en vez de alimento. Algunos de ellos eran personajes rudos, pero estaba convencido de que necesitaban a Jesús. Así que les regalábamos perros calientes y bebidas, y jugaba con ellos a Hacky Sack. Luego, les hablaba acerca de Jesús y los invitaba a nuestro grupo de jóvenes.

Muchos de ellos vinieron. Nuestro salón de jóvenes habría estado repleto, pero muchos de los jovencitos se quedaban afuera fumando antes y después del servicio, y a algunos de los miembros de la iglesia les molestaba esta conducta.

Después de algunas semanas, el pastor se me acercó y me dijo: "Los jóvenes que estás atrayendo no son la clase de juventud que queremos. Quisiera que pienses en un plan para atraer a jovencitos de clase media alta al grupo de jóvenes".

¿En dónde había visto esta clase de pensamiento? Ah, eso es, en mi última iglesia.

Sabía que muchos, o incluso la mayoría, de estos jóvenes habían sido engañados para que creyeran lo que el diablo les hizo creer sobre ellos mismos. Él les dijo que eran problemáticos, desconocidos, y despreciados. Y ahora estaba escuchando que la iglesia y mi pastor los trataban de igual manera. Sabía que Dios quería mostrarles quiénes son en verdad: personas preciosas creadas a su propia imagen. Pero parecía que muchos dentro de la iglesia también habían sido engañados por las mentiras de Satanás.

Algunos días después, un grupo de nosotros se reunió en la iglesia para debatir nuestras estrategias de evangelismo. Durante nuestra conversación, dije: "Oigan, si pudiéramos experimentar lo que sucedía en Toronto, atraeríamos a todos a Jesús".

El pastor mantuvo un silencio sepulcral. Lo que yo no sabía

era que, si bien al principio se había mostrado extremadamente entusiasta sobre aquello que tenía lugar en Toronto, cambio de parecer porque sentía mucha presión por parte de aquellos miembros de la congregación quienes creían que era extraño.

Una división rencorosa

Domingo por la mañana, 30 de abril de 1995, estaba dirigiendo un servicio cuando sentí la presencia de Dios descender en el salón. El hormigueo que corría por mi pecho y por mis brazos me hizo saber que Dios estaba presente de una manera especial.

La iglesia tenía una norma, la cual establecía que toda vez que uno de los pastores o ancianos sintiera que el Señor quería llevar el servicio en otra dirección, él o ella tenía que consultarlo primeramente con los otros ancianos. Solamente lo permitirían si sentían la convicción de Dios de que era genuino.

Por tanto, mientras la congregación adoraba, reuní a los ancianos y dije: "Oigan, creo que debemos permitirle al Espíritu Santo tomar el control total de este lugar. Siento como si un globo estuviera a punto de estallar".

Los ancianos asintieron, pero el pastor principal no emitió palabra al respecto. Según mi entender, la decisión no tenía que ser unánime.

Me acerqué al micrófono y dije: "El Espíritu Santo está aquí, y está por descender sobre este lugar. Su fuego está cayendo. Levante sus manos. ¡Ven, Espíritu Santo!".

Alrededor de un tercio de la congregación estalló en risa, entre ellos todo el grupo de adoración. Algunos comenzaron a llorar. Otros cayeron bajo el poder. Pregunté si alguno quería pasar al frente por oración, y casi la mitad de la congregación pasó.

Aproximadamente un tercio de los miembros permaneció sentado en sus sillas con sus brazos cruzados y con expresión de enojo en sus rostros. No estaban a favor de este mover en absoluto.

El día lunes, el pastor me citó en su oficina y me dijo: "No había plena unanimidad sobre la dirección en que llevaste el servicio".

Trate de explicar. "Bueno, los otros tres ancianos estuvieron de acuerdo en que era lo que debíamos hacer, y nuestra política siempre ha sido que el voto mayoritario es el que cuenta".

Él movió su cabeza. "Pero yo no estuve a favor. Esto no es de mi agrado, y no quiero que vuelva a suceder".

No podía creerlo. "Si no hubiese sido por usted, no habría experimentado este mover", dije. "Usted fue quien lo introdujo en la iglesia".

"No quiero que vuelva a suceder", repitió.

Supe de inmediato que el ladrón de identidad estaba obrando. Satanás estaba tratando de robar la identidad de la iglesia. Desde sus orígenes, la iglesia se dio a conocer como una iglesia menonita carismática, un lugar en donde el Espíritu Santo y sus dones eran bienvenidos. Pero ahora, en vez de adentrarnos en el mover del Espíritu, parecía como si estuviéramos rechazando nuestra herencia.

Después de aquel episodio, la relación entre el pastor y yo se volvió cada vez más tensa. Parecía que criticaba cada decisión que tomaba, y constantemente me sentía estresado y bajo presión. Reitero, ahora sé que todo se debía a causa de los ataques del ladrón de identidad.

Una noche, tuve un sueño en el cual me encontraba caminando por los pasillos de la iglesia, y de pronto, oí pasos detrás de mí. Cuando me di vuelta, vi al pastor que me seguía con una mirada intensa en su rostro. Apresuré mi paso, y también él lo hizo. Claramente, me estaba persiguiendo.

Entonces, sucedió que las paredes de la iglesia se convirtieron en piedra, y nos encontrábamos en una cueva con escasa luz. Ahora, mi vestimenta se asemejaba a la de los tiempos del Antiguo Testamento. Volví a mirar hacia atrás y vi al pastor que traía puesta una armadura, con una jabalina en una mano y una espada en la otra. Me sentí como David huyendo de la ira del rey Saúl.

Me desperté cubierto de sudor, con mi corazón acelerado, y supe que había recibido una advertencia por parte del Señor.

Posteriormente, todo empeoró de manera acelerada. Mandaron a llamar al pastor fundador de la congregación para debatir la situación con nosotros. Me apartó a un lado y me confirmó que el pastor actual sentía que Dios le pedía que lleve a la iglesia en una dirección diferente, y a causa de esto, era mejor que me marchara. Me aconsejó qué debía hacer, y seguí sus recomendaciones.

Una llamada a la libertad

Alrededor de esta época, recibí una llamada de un amigo, cuyo nombre era Tom Morrison. Tom era un profeta quien ministraba en una iglesia en el área de Chicago. Me dijo: "Estoy organizando una conferencia con un hombre llamado Chuck Pierce este fin de semana. Chuck es un profeta poderoso, y sentí que debías venir y ser partícipe de esto. Creo que el Señor quiere hablarte en este lugar".

Desde luego, me alegraba poder ir.

En la primera noche de la conferencia, Chuck me invitó a pasar al frente de la congregación y dijo: "El Señor quiere declarar una palabra sobre la vida de Robby".

Cuando pasé adelante, me dijo: "Tienes el corazón de un evangelista. El enemigo ha estado tratando de robarte tu ministerio, pero fuiste llamado a predicar el evangelio de señales y prodigios, y vas a capacitar a muchas personas para la evangelización poderosa. El enemigo se siente amenazado, por lo tanto, está intentando provocar contienda y tensión. Pero óyeme bien. Llegará el día cuando predicarás y miles vendrán a Cristo. Incluso decenas de miles. Predicarás, y las personas se conmoverán. Levantarás a miles y hasta decenas de miles quienes traerán a millones a Cristo".

Continuó diciendo: "El enemigo ha tratado de venir por ti, y has estado temeroso. Pero quiero que sepas que el Señor te va a hacer destruir el altar, incluso el de tu padre; el altar que tu padre sacrificó no es el altar de Dios. Vas a destruirlo y vas a derrotarlo".

Esa palabra me golpeó muy fuerte. El Espíritu Santo me estaba diciendo que era libre, que no tenía que seguir los pasos de mi padre, pasos que conducían a pecados sexuales. Al recordar el día en que mi padre me confesó lo que había hecho, recuerdo casi sentir como si hubiera confesado que era pagano. Fue como si en verdad no hubiese creído ninguna de las cosas que había estado predicando todos esos años. Qué alivio fue saber que estaba totalmente libre de aquella herencia. Lágrimas rodaban por mis mejillas mientras se levantaba ese temor de mis hombros.

Luego, Tom, quien estaba de pie junto a nosotros, prosiguió.

"Permíteme decirte algo", dijo. "Le has estado diciendo a Dios: 'Haría lo que fuera por ti. Pero hay una cosa que no haré'. Eso es lo que quiero que hagas. Solo para que sepas, te voy a bendecir en ello. Para cuando el viento se lleve las hojas de los árboles, te voy a llevar a otro lugar en donde harás aquello por lo que has dicho: 'Dios, haría lo que fuera por ti, pero esto no lo haré'".

Supe inmediatamente a qué se refería. Siempre había dicho que nunca fundaría una iglesia. Mi abuelo lo hizo, al igual que mi padre. Es un trabajo sumamente arduo, y prácticamente uno tiene que servir hasta la muerte mientras lo hace. *No, siempre pensé, no es algo para mí.*

Aparentemente, el Señor pensaba lo contrario.

Tom continuó: "He puesto dentro de ti el clamor por la libertad. Te llevaré alrededor del mundo, y proclamarás el clamor por la libertad, y los jóvenes te seguirán a causa de los miles alcanzados por la libertad, y luego estos continuarán ese clamor".

(Permítame hacer una pausa aquí y decir que esto tuvo lugar un mes antes del lanzamiento de la película *Corazón valiente*, un paralelismo que se ajusta a la palabra profética dada por Tom).

No obstante, a pesar de la indicación de Dios por medio de la cual me invitaba a fundar iglesias, cuando regresé a mi iglesia, creí oportuno realizar algunas llamadas para averiguar si alguna iglesia estaba necesitando un pastor. Después de todo, Dios no me dijo que debía ocuparme de fundar iglesias de inmediato.

Después de lo que había experimentado en Toronto, estaba seguro de que La Viña era el camino por donde debía ir. Resultó que había dos iglesias ubicadas en nuestra área en busca de pastores. Angie y yo visitamos ambas. La primera parecía ser una iglesia maravillosa, pero casi tan pronto como cruzamos la puerta, ambos sentimos al Señor decir: "No, esta no es la iglesia para ustedes". Así que nos marchamos antes de que la entrevista tuviera lugar.

Fui a predicar a la segunda iglesia, pero al parecer los ancianos de la congregación sintieron que yo era un líder "demasiado fuerte". Sin embargo, la persona que supervisaba a las iglesias de La Viña creyó que era el hombre indicado para el trabajo. Él se comunicó con los ancianos de la iglesia y los reprendió. Les dijo que creía que habían tomado una mala decisión, que un líder fuerte era exactamente lo que necesitaban y que John Wimber nunca habría aprobado su decisión.

Al domingo siguiente, uno de los ancianos se paró enfrente de la congregación y preguntó: "¿Cuántos de ustedes están esta mañana aquí porque esta es una iglesia de La Viña? ¿Se podrían poner de pie?".

Diez o doce personas se pararon.

El anciano señaló hacia la puerta. "Bueno, allí está la salida. Pueden retirarse ahora mismo, porque esta ya no es una iglesia de La Viña".

Una vez más, el ladrón de identidad estaba al asecho de una manera notable.

Inmediatamente después de este episodio, una de las parejas que fue expulsada de la iglesia, nos llamó y nos dijo: "Oigan, ¿por qué no se unen a nosotros para fundar una iglesia?".

Recordé aquello que Dios me había dicho a través de Tom Morrison, pero no estaba seguro de si era la jugada correcta. ¿Sería una buena idea comenzar una iglesia con un grupo de personas que habían sido maltratadas y que probablemente estuvieran heridas y enojadas? ¿Qué quería Dios que hiciera?

Se lo contaré en el capítulo siguiente.

12

DIOS OBRA EN LA GUARIDA DEL LADRÓN

Porque yo sé muy bien los planes que tengo para ustedes—afirma el Señor—, planes de bienestar y no de calamidad, a fin de darles un futuro y una esperanza.

Jeremías 29:11

Debo admitir que aún me resistía a la idea de convertirme en un fundador de iglesias. Sin embargo, también era evidente que Dios me estaba guiando en esa dirección. La profecía librada por Tom Morrison fue clara. Después de oír sus palabras, sabía que lo que había sucedido en la pequeña iglesia de La Viña no fue una coincidencia. Claramente, Dios estaba obrando. No es que creyera que Dios era el responsable por la separación de la iglesia. A Satanás le encanta cuando los cristianos se pelean entre sí y las iglesias se dividen, así que estaba convencido de que el enemigo estaba detrás de esto. Pero Dios conoce cómo encaminar a bien aquello que el enemigo pensó para hacernos mal. Como de costumbre, Satanás jugó directamente a favor de Dios.

Con todo eso en mente, Angie y yo decidimos que iríamos a reunirnos con las personas que querían que les ayudáramos a comenzar una nueva iglesia, y veríamos a dónde nos conduciría. Planeamos encontrarnos en un suburbio de Chicago, aproximadamente a cuarenta y cinco minutos pasando la ciudad de Aurora.

Una ciudad amada por Jesús

De alguna manera, tomé un giro equivocado de camino a nuestra reunión, y terminamos en Aurora. Ahora bien, soy bastante bueno para orientarme. Viajé por todo el mundo, y no soy del tipo de personas que toman el camino incorrecto y se pierden. Pero como dice la Biblia: "El corazón del hombre traza su rumbo, pero sus pasos los dirige el Señor" (Proverbios 16:9).

Tanto Angie como yo supimos que el Espíritu Santo nos había hecho desviar del camino. Ambos tuvimos la impresión de que Aurora era el lugar donde Dios quería que estuviésemos. Ciertamente, no se debía a la belleza de la ciudad. Aurora es una ciudad de casi doscientos mil habitantes, y tiene una arquitectura hermosa y algunos vecindarios con casas encantadoras y parques muy bien cuidados.

Pero no vimos nada de eso. En cambio, terminamos en la peor parte de la ciudad y la más deteriorada. Me refiero a la clase de lugar en donde traba las puertas de su auto cuando atraviesa dicha zona, porque no quiere que nadie intente robarle cuando se detiene en el semáforo. Conducimos por cuadras y cuadras de negocios desmoronados o cerrados. Por delante de nosotros pasaban personas sin hogar y de aspecto andrajoso, empujando los carritos de compra colmados de todos sus bienes materiales. Otros estaban sentados en la acera, desplomados sobre los edificios vacíos, mirando como la vida se les va. Y algunos tambaleándose sin una dirección por las calles de la ciudad, obviamente bajo el efecto de las drogas. Algunas de las casas y de los negocios que pasamos tenían rejas en las ventanas por seguridad.

No era el paraíso. Tampoco era la clase de área en donde

los padres querrían que sus hijos crecieran. Pero estábamos viendo aquel lugar a través de los ojos de Jesús, quien anhelaba con desesperación que estas personas perdidas supieran cuánto les amaba. Jesús era el único camino para salir del dolor, de la pobreza, de la adicción que los azotaba, y a Angie y a mí nos pareció que este era el lugar en donde Él quería que comenzáramos una iglesia. Recuerdo las palabras del gran misionero C. T. Studd: "Algunos desean vivir al amparo del sonido de las campanas de la iglesia; yo prefiero dirigir un puesto de rescate a una yarda del mismo infierno".

Nos llevó alrededor de quince minutos regresar a la ruta correcta y retomar nuestro viaje. Al principio, permanecimos en silencio, porque estábamos procesando lo que acabábamos de ver, y estábamos también entusiasmados y un poco inquietos sobre lo que Dios nos estaba hablando. Cuando comenzamos a hablar al respecto, nuestro entusiasmo solo crecía, mientras que nuestras inquietudes comenzaban a menguar. Estaba emocionado al saber que el Espíritu Santo nos estaba hablando lo mismo a ambos.

Cuando finalmente llegamos al destino correcto y nos encontramos con el grupo que quería comenzar una nueva iglesia, quedamos impresionados. Sin excepción alguna, estas eran personas que amaban a Dios y deseaban servirle.

Nos reunimos con ellos por varios meses. Una noche habíamos previsto una reunión especial de planificación sobre la apertura oficial. Uno de los puntos a tratar era el lugar en donde se situaría nuestra nueva iglesia.

"¿Qué les parece Aurora?", pregunté.

Uno de los hombres se rio y sacudió su cabeza. "Ay, es un lugar terrible", dijo, y los demás asintieron. Parecía que Aurora no estaba dentro de sus opciones.

"Bueno", les dije, "ambos sentimos que es donde Dios quiere que estemos".

Poco después de esa conversación, casi todos se desvincularon del proyecto. Angie y yo éramos los únicos que queríamos ir a Aurora. Algunos hasta se sintieron ofendidos por haber llegado a considerar dicho lugar. Pero sentíamos que era donde Dios quería que estuviéramos.

Durante las semanas siguientes, un empresario amable nos alquiló un lugar a un precio increíblemente bajo. Después de haber estado allí por tres meses, nos mudamos a la frontera de la ciudad. No era la peor zona, pero nos quedaba los suficientemente cerca como para comenzar lo que resultó ser un período de diecisiete años de labor pastoral en Aurora, Illinois.

Dios comienza a obrar

En aquel momento, necesitaba con urgencia un empleo para poder sustentar a mi familia. Aún conservaba todo mi equipo de limpieza de alfombras y herramientas para su colocación, pero dado que no había ejercido mi profesión por un buen tiempo, me sentía bastante oxidado. Pero Angie y yo lo presentamos en oración, y separé una tarde para buscar empleo.

Por la gracia de Dios, encontré uno casi de inmediato. El dueño de la tienda hasta dejó sin efecto la cláusula que establecía que todo nuevo empleado tenía que haber trabajado en el negocio durante los últimos cinco años. A la semana siguiente, tenía cuatro instalaciones. Esta constituye otra señal de que estábamos dentro de los propósitos de Dios. Su bendición era evidente.

En uno de esos trabajos, le coloqué una alfombra a una mujer quien temía salir de su casa. Sentí que ella tenía un espíritu de temor, y se lo hice saber. Tan pronto como se lo dije, comenzó a manifestarse. Cayó sobre la alfombra recientemente colocada y comenzó a temblar de manera violenta. Dejé a un lado lo que estaba haciendo, corrí hacia ella y empecé a ministrarle liberación. Me llevó alrededor de veinte minutos para que el demonio se marchara, pero al final obtuvimos la victoria. La mujer comenzó a sollozar, diciendo: "Se ha ido. Finalmente, se ha ido". Me contó que había sido atormentada por cinco años, y que ahora sabía que había sido libre.

Durante todo nuestro tiempo en Aurora, aprendimos a caminar en la fortaleza de nuestra identidad espiritual. Desde nuestro primer día en aquel lugar, nos comprometimos a luchar la batalla espiritual. Desde el principio nos percatamos de que teníamos que adoptar una posición ofensiva de guerra. No estábamos dispuestos a cruzarnos de brazo y orar por protección mientras nos acurrucábamos en un rincón. Debíamos salir a luchar contra el enemigo.

Para ese entonces, nuestros dos primeros hijos eran muy pequeños, y Angie estaba embarazada de nuestro tercer hijo. Era un padre aplicado, así que después de colocar alfombras durante todo el día, todavía quería cenar con mi familia y acostar a los niños. Luego, llevaba a un grupo a los bares locales y orábamos por las personas del lugar.

Era maravilloso ver que la mayoría de las personas estaban dispuestas a abrir sus corazones y compartir sus problemas, y se sentían felices de que orásemos por ellos.

Con el tiempo, Dios comenzó a manifestarse de una forma poderosa. Las personas eran sanadas y libradas. Se acercaban a la iglesia diciendo que habían oído que la presencia de Dios estaba allí.

Cierto día, el encargado de nuestro edificio, un sujeto llamado Gary, vino a reparar un termostato averiado. Todo el tiempo me gritó al teléfono con respecto al problema, y según me dijeron, era su actitud habitual. Pero cuando atravesó la puerta, todo cambió. Hasta incluso me abrazó bruscamente. Creí que me había hecho tragar la lengua.

Me dijo: "Robby, he vivido enojado por años, pero tan pronto como entré a este lugar, toda mi ira me fue quitada. No puedo explicarlo. Solo entré, me despojé, y un gozo me inundó".

Gary acabó entregando su vida a Cristo, al igual que toda su familia. Descubrió que la ira y el enojo no formaban parte de su verdadera identidad, y se convirtió en un voluntario amable para servir en nuestra iglesia.

En mi trabajo con las alfombras, comencé a contratar a personas quienes estaban dejando atrás un pasado violento, incluso pasados de drogadicción y de pandillas. Utilizaba el negocio de las alfombras a fin de enseñarles un oficio, luego los equipaba con sus propios juegos de herramientas o máquinas para limpieza de alfombras, y así podían continuar con el negocio por su cuenta. Les mostraba que su verdadera identidad no era la de un delincuente, sino la de un verdadero colaborador a la comunidad.

Otras veces, me encontraba extendiendo la alfombra cuando notaba una puntada en mi espalda. Le preguntaba a mi cliente si tenía problemas de espalda, y cuando asentían, le pedía a mi ayudante que impusiera sus manos sobre el dueño y ordenase a su cuerpo a recibir sanidad. Estábamos viviendo el estilo de vida naturalmente sobrenatural, y el ladrón de identidad perdía el control en nuestra ciudad.

Cuando nuestro día laboral finalizaba, mis nudillos sangraban, las rodillas me dolían, estaba cubierto de sudor y mi espalda quedaba dolorida por la tensión del trabajo. Solía ir a mi camioneta, en donde guardaba una copia de la profecía que me dio Dan White. Empezaba diciendo: "Señor, tu dijiste", y la volvía a leer. Hallaba tanto consuelo en aquellas palabras.

No me sentía amargado por tener que trabajar tan duro como fundador de la iglesia, como dueño de una pequeña empresa y padre de una familia joven. Solo quería que el Señor supiera que no estaba esperando el cumplimiento de esa palabra. La veía como una invitación para comenzar en el lugar en donde estaba. Aprendí que puede cambiar al mundo comenzando a la vuelta de la esquina, por el cubículo o por el casillero de al lado. Así fueron mis comienzos, y desde entonces, he ministrado en cuarenta y seis países.

Atravesamos por muchos tiempos difíciles en Aurora. Más de una vez, nuestras vidas fueron amenazadas por personas mafiosas quienes no querían que le enseñáramos a la gente acerca de Jesús. Se quebrantaba nuestro corazón cuando aquellos adictos a las drogas y el alcohol, o quienes luchaban por sobrevivir en las calles rechazaban tomarse de la mano del único quien podía sacarlos de sus necesidades y pobreza y restaurar su identidad como sus hijos. Nuestra familia derramó muchas lágrimas por las vidas de aquellos que discipulamos y fueron asesinados.

En verdad, fueron años difíciles, pero también presenciamos el obrar de Dios.

Luci paga el precio

El nombre de mascota que le tenemos a Satanás es "Little Luci" (pequeño Luci, que es un diminutivo de Lucifer). Siempre lo imaginé como un muchacho joven, mejillas rosadas, en un tutú con cola de caballo. (Si se sintió ofendido por esta imagen, está bien, también a él le ofende).

Cierto día, un matrimonio llamado Dave y Steph aparecieron en la iglesia. Habían atravesado por graves luchas con la heroína y el crack. Dave deseaba poder ser libre, pero Steph siempre lo llevaba de regreso a la adicción. Simplemente, no podía renunciar a las drogas. Terminamos encontrándoles un hogar. Al principio, todo iba bien, pero luego Steph comenzó a robar para conseguir dinero para las drogas. Ayudamos a Dave a obtener un empleo, y él estaba trabajando duro, pero Steph no lograba mejorar.

La madre de Steph practicaba brujería e incursionaba como

vidente. Un día, me llamó y me dijo: "Steph está robando, y no puede volver a suceder. La única manera para que renuncie a las drogas y al robo es siendo arrestada".

"Está bien", dije, "Voy a orar, y mañana su hija será arrestada. Con esto sabrá que Jesús le ama y quiere tener una relación con usted".

La mujer se rio. Trabajamos duro para arreglar los antecedentes de Steph con la policía, y no había órdenes de arresto pendientes. Resultaba improbable que un arresto tuviera lugar, y mucho menos que sucediera al otro día.

Sin embargo, a la mañana siguiente, recibí una llamada de Steph.

"Me arrestaron, y no estoy segura de por qué me detuvieron", dijo.

Estuvo en custodia por diez días y luego aceptó ir a una institución en el sureste para rehabilitación. Su madre quedó impresionada, pero nunca más volvió a llamarme.

Dave era un asunto aparte. Angie y yo decidimos llevarlo a nuestro hogar porque no lográbamos encontrar un programa adecuado de rehabilitación. Estuvo bien por algunos días. Pero luego Micah, nuestro hijo, se despertó en medio de la noche y vio a Dave robándole de su alcancía. Cuando le preguntamos a Dave al respecto, dijo que fue solo un error.

Más tarde esa mañana, lo llevé conmigo a la iglesia para que cortara el césped. Después de algunas horas, dejé de oír la cortacésped, pero no le di demasiada importancia porque le había dado a Dave una larga lista de quehaceres para que realizara. Debido a que había estado viviendo en la calle por varias semanas, también le había prestado mi camiseta de "Vineyard Community of Hope".

En ese momento, recibí una llamada del departamento de policía preguntándome si estaba en posesión de mi auto.

"Por supuesto", respondí. "¿Por qué?".

"Bueno, hay un sujeto robando bolsos aquí en Walmart, y parecería estar conduciendo su auto y usando una de sus camisetas de la iglesia".

Efectivamente, Dave se había robado mi auto tras haber manipulado los cables de encendido. Durante la persecución policial, chocó el auto contra un árbol y lo destrozó. Logró salir de entre los restos del auto y huyó a pie de la policía. Finalmente, lo hallaron y lo pusieron en prisión.

Ayudamos a Dave a encontrar un buen abogado, pero sus antecedentes eran tan serios que decían que quedaría preso por años. Después de la audiencia, el juez dictaminó seis meses sin libertad anticipada.

Cuando llevé a Dave a la cárcel, le dije: "Regresaré por ti para llevarte a casa en noventa días".

Se rio. "¿Acaso no lo escuchaste decir seis meses?".

"Sí, lo escuché", dije. "Pero regresaré en noventa días".

Ochenta y nueve días después, recibí una llamada en la cual se me comunicaba que Dave sería puesto en libertad al día siguiente. Fui a recogerlo, y conducimos hasta el estacionamiento de Walmart, en donde le pedí que me ayudara a orar por las personas. De esta manera, le hacíamos pagar a Satanás por todo el daño que nos había ocasionado a nosotros y a otras personas cuando Dave estaba bajo su control.

Así es cómo funciona. Si alguien de mi familia se enferma, oramos para que sea sanado, pero luego también vamos al hospital y oramos para que las personas reciban sanidad. Hacemos esto para que Satanás pague por atacarnos. Lo llamamos "pasar factura". Nuestro trato con el enemigo es este: "Si tocas a uno de los nuestros, pagarás con tres de los tuyos. No puedes cruzar nuestro territorio sin un costo". Funciona, ¡inténtelo!

Lo último que supe fue que Dave y Steph se encuentran bien y viviendo para Jesús. El auto nunca fue remplazado, pero a lo largo de los años, otras personas de mi iglesia me han robado muchos otros autos. Le hice pagar a Luci muchas facturas por ellos. Quizás usted me pueda ayudar a cobrar más de esas facturas luego de leer este libro.

El ladrón viene para matar

En un año durante nuestro tiempo en Aurora, se suicidaron tres miembros de nuestra iglesia. Fue un período de un quebranto y dolor tremendo. Angie y yo habíamos trabajado tanto para ayudarlos a salir de las drogas y encaminar sus vidas en la senda correcta, y luego los perdimos.

Después de uno de los suicidios, me reuní con uno de los familiares, quien hizo el siguiente comentario: "Bueno, no comprendo por qué el Señor decidió llevárselo a casa". Yo por dentro pensaba: *¿Qué? No fue Dios quien tomó su vida. Esta fue una persona quien se dejó vencer y tomó su propia vida.* Se rindió ante los ataques del ladrón de identidad, quien le decía que no servía para nada y que no valía la pena vivir la vida. Tales cosas terribles suceden cuando le permitimos al ladrón hacer lo que ama hacer: robar, matar y destruir.

Debemos cambiar nuestra manera de pensar como creyentes en este aspecto. A menudo, cuando suceden cosas malas, concluimos que es Dios quien nos las quita en vez de ver que Dios nos ha dado todas las cosas. Él quiere que experimentemos una vida abundante.

No obstante, no voy a negar que a veces me desanimo al oír que otra persona falleció. No puedo evitar entristecerme ante el quebrantamiento de nuestra comunidad. Pero entonces, en medio de esa tristeza, alguien más es librado de las cadenas y comienza a caminar en su verdadera identidad. Justo cuando la esperanza se siente tan distante, un viento fresco de la presencia de Dios sopla sobre la iglesia, ayudándonos a ponernos de pie una vez más con nuestras cabezas en alto, y arraigados en la confianza de que Dios nos sustenta con su poder y presencia. Nos volvemos expectantes de la libertad que Cristo suelta a través de nosotros hacia otros.

En verdad, podíamos ver que enfrentábamos una batalla difícil con nuestro ministerio. El ladrón de identidad estaba trabajando tiempo extra para robar las vidas mismas de las personas. Pero estábamos convencidos de que nuestra iglesia y las demás iglesias de la zona eran la solución. Estábamos comprometidos a orar y a luchar, sin importar lo que pudiera suceder.

Durante nuestro tiempo en Aurora, también comenzamos a vislumbrar los frutos del sueño sobre Moisés en nuestras vidas. Los jóvenes quienes integraron los grupos de jóvenes que llevamos adelante con el paso de los años comenzaron a ponerse en contacto y compartir sus experiencias en el ministerio, otros se convirtieron en misioneros o resultaron ser los suficientemente exitosos como para proveer para el ministerio alrededor del mundo. En medio de nuestra tribulación, aquí había otras pruebas como testimonio del ruido de cadenas rotas y de piedras removidas. En medio de la muerte y destrucción por parte del ladrón de identidad, la vida y la esperanza resucitaban otra vez y otra vez.

Así que como verá, Dios no estaba tomando la vida de las personas después de todo. Resultó ser que estaba regresando a la vida a las personas, más rápido de lo que el ladrón de identidad se las estaba llevando. Y Él está deseoso por hacer hoy lo mismo en usted y a través de usted. ¡Levántese!

13

PUEDE RESUCITAR A LOS MUERTOS

Sanen a los enfermos, resuciten a los muertos, limpien de su enfermedad a los que tienen lepra, expulsen a los demonios. Lo que ustedes recibieron gratis, denlo gratuitamente.

Mateo 10:8

A continuación le comparto una reseña del suceso que tuvo lugar el 9 de marzo de 2015, en una pequeña iglesia pueblerina a las afuera de Preston, Inglaterra. Alrededor de ochenta personas presenciaron el acontecimiento en el santuario de la iglesia. Al compartir esta historia, he combinado los informes de cuatro personas, entre ellos estoy yo y un profesional médico.

No he incluido los nombres de las personas involucradas porque algunas de ellas fueron amenazadas después de compartir sus testimonios.

Este suceso ocurrió en una iglesia conservadora de un pueblo muy unido. Había viajado hasta allí porque el pastor de la iglesia quería que una mayor cantidad de personas aprendieran sobre la sanidad, como un medio para atraer a más gente a Cristo.

Esa tarde, había recién comenzado a compartir la enseñanza de uno de mis DVD que tenía para la venta, titulado *Ladrón de identidad* (interesante, ¿no?), cuando una mujer empezó a gritar: "¡Mi hijo! ¡Mi hijo! ¡Está sufriendo de otro infarto! ¡Alguien llame al hospital!". La mujer me miró y me suplicó: "¿Puede ayudarlo?".

Sentí una fuerte presencia demoníaca sobre aquel joven. Su cabeza se contorsionaba, como si quisiera retorcerse. Cada músculo de su cuerpo parecía estar tenso, y temblaba gravemente.

Corrí hacia él, coloqué mis manos sobre el pecho y la frente de este hombre y comencé a atar todo poder demoníaco y ordenarle que soltase ese cuerpo en el nombre de Jesús. Muchos de los que estaban allí presentes creyeron que estaba sufriendo de un ataque epiléptico, pero su madre nos aseguró de que nunca había tenido uno. No obstante, el año anterior había tenido un infarto.

El hombre empezó a ponerse morado y a respirar con dificultad.

Escuché al Señor decir: *Lo que está pronto a suceder, quebrantará a toda esta área y nación.*

Les dije a algunas personas que necesitábamos colocar al hombre en el suelo. Su cuerpo estaba tan tenso que era menos probable que se lastimara en el suelo que estando en su silla. Una persona detrás de nosotros, que más tarde supe que era doctor, ayudó a trasladarlo al suelo.

A pesar de que el joven cada vez se volvía más morado, podía notar que su pulso estaba fuerte y regular. Le pedí si podía decirnos qué estaba sintiendo, pero su madre afirmó: "No puede hablar a causa del infarto". Después supimos que había perdido el noventa y cinco por ciento del habla y solo podía afirmar y negar.

A medida que su respiración se volvía más dificultosa, le prohibí a Satanás que lo atacase. Mientras tanto, su madre gritaba: "¡Está muriendo! ¡Mi pobre hijo está muriendo!".

Aún mantenía mi mano sobre su pecho y le aseguraba que su corazón todavía latía, pero podía sentir que su pulso se iba debilitando, a medida que sus labios se volvían cada vez más morados. Podía sentir el espíritu de muerte a nuestro alrededor. A causa de ello, pasé de reprender al espíritu de enfermedad a reprender al espíritu de muerte. Me ponía nervioso pronunciar la palabra *muerte* porque su afligida madre había comenzado a gritar: "¡Está muerto!".

Mientras continuaba reprendiendo al espíritu de enfermedad, varios de nosotros, entre ellos un profesional médico, fuimos testigos de que sus pupilas quedaron totalmente fijas y dilatadas (lo cual sucede cuando hay muerte cerebral), y su respiración empeoró considerablemente. Según me informaron era la respiración agónica, el "último aliento" que tienen las personas cuando mueren.

Luego, el hombre dejó de respirar. Su cabeza cayó hacia un lado, y saliva comenzó a caer de su boca. Tomé algunos pañuelos y limpié sus labios morados y sus mejillas pálidas, cuando oí a alguien junto a mí decir: "Está muerto".

Asentí porque ya no podía sentir sus latidos.

Retrocedí por un segundo y comencé a traer a memoria todas las palabras proféticas que había recibido sobre resucitar a los muertos a lo largo de los años. De pronto, comenzaron a aparecer ante mis ojos todos los rostros de las personas que habían fallecido y por quienes había orado en el pasado y no resucitaron. El temor y el desánimo comenzaron a manifestarse. El ladrón de identidad luchaba con firmeza en mi contra y en la de este pobre hombre.

Declaré: "¡No! ¡No! ¡No me rendiré!".

Me enfurecí de tal manera que continué orando con mayor fervor. No estaba dispuesto a ver morir a este hombre, y sabía que otras personas allí también estaban orando y luchando por este pobre joven.

Comencé a reprender al espíritu de muerte, diciendo: "¡No te pertenece!". Asimismo, empecé a declarar la resurrección de Jesucristo sobre él. Estaba calmado y no levantaba mi voz, pero permanecía con un tono enfático, diciendo: "Espíritu inmundo de muerte, suéltalo. Y sea lleno con la vida de resurrección de Cristo".

Para mi sorpresa, ¡el hombre respiró profundamente!

Su respiración comenzó a recuperarse. Sus ojos cesaron de estar fijos y dilatados y empezaron a cobrar vida. Pestañó algunas veces, y sus labios y rostro recobraron gradualmente el color.

Lo giramos hacia su costado. Se puso sobre sus manos y rodillas, pero le dije que vaya con calma. Finalmente, logró ponerse de pie.

Al principio, lucía algo confundido, pero cuando centró su atención en la multitud, guiñó un ojo y preguntó: "¿Qué están mirando?".

Su madre comenzó a gritar con emoción, sorprendida de que pudiera hablar.

Me volví hacia él, lo acerqué a mi pecho—como un abrazo— y declaré una impartición de vida total. Hice esto porque un amigo mío que ha resucitado a los muertos me dijo: "Existe una conexión que imparte vida al estar pecho a pecho". Cuando nos despedíamos, me abrazó de nuevo.

Mientras lo ayudábamos a llegar hasta la parte trasera de la iglesia para aguardar por la ambulancia que estaba en camino, continuaba orando y quebrando toda obra del enemigo en contra de su vida. La ambulancia arribó poco tiempo después, y el hombre fue camino al hospital.

Al día siguiente, el pastor de la iglesia me llamó y me pidió si podía acercarme hasta el hospital para visitar a este joven. Al llegar, supimos que se había fracturado el hombro. Nos informaron que necesitaría someterse a cirugía.

Le pregunté cómo se sentía, y respondió: "Bastante bien, aparte de mi hombro". También le pregunté si era consciente de lo que había sucedido la noche anterior, y dijo: "Sé que lo que sea que haya sido, fue realmente grave".

Le conté que había muerto y vuelto a la vida. Se sorprendió al oír eso, pero después de un segundo sonrió, mostrándose aliviado, y luego me agradeció. El pastor le confirmó que había muerto.

Luego, le pregunté si podía orar por su hombro para que fuera sanado. Gustosamente, me lo permitió. Oramos, y el dolor descendió de diez a uno. Después de volver a orar, dijo que estaba en un 0,5. Un examen posterior de su hombro reveló que no necesitaría cirugía después de todo, ¡sorpresa, sorpresa!

A fin de concluir con esta historia, compartiré con usted dos relatos de quienes fueron testigos de la resurrección de este joven:

> Ni siquiera puedo comenzar a describirle lo aterrador que fue ese momento al verlo ir, y luego ver la intervención de Dios de una manera tan poderosa. Si Dios no hubiese obrado, [el hombre] estaría muerto. Pero Dios apareció con una manifestación asombrosa de su poder y amor.

> No puedo corroborar que estuviese "muerto". No estuve controlando su pulso todo el tiempo. Pero he visto mejores cadáveres. Tengo la certeza de que estaba muerto y [un profesional médico] coincide. Así que Dios lo regresó a la vida por intermedio de Robby.

Fuimos destinados para esto

Resulta válido preguntarse: ¿Se supone que debemos resucitar a los muertos?

En efecto, Jesús nos lo mandó. Mateos 10:8 dice: "Sanen a los enfermos, resuciten a los muertos, limpien de su enfermedad a los que tienen lepra, expulsen a los demonios". Y soy de los que piensan que Jesús no nos lo habría dicho si no fuera posible.

Jesús mismo resucitó a los muertos en al menos tres ocasiones, sin contar cuando Él mismo resucitó. Primeramente, resucitó a la niña de doce años, hija de un hombre llamado Jairo (vea Marcos 5:21–43). Lo hizo a pesar de que las personas que se habían reunido para lamentar su muerte se burlaban de Él cuando les dijo que no estaba muerta, sino que solo dormía. En realidad, la pequeña niña *estaba* muerta, pero en lo que respecta al poder de Dios, podría también haber estado durmiendo, porque Dios tiene todo el poder sobre la muerte. Y como sus seguidores, también nosotros somos portadores de su poder. Juan 3:16 afirma que todo aquel que cree en Jesús tiene vida eterna, y esa vida comienza desde el momento en que creemos.

El segundo relato en el que Jesús resucita a un muerto se encuentra en Lucas 7:11–15:

> Poco después Jesús, en compañía de sus discípulos y de una gran multitud, se dirigió a un pueblo llamado Naín. Cuando ya se acercaba a las puertas del pueblo, vio que sacaban de allí a un muerto, hijo único de madre viuda. La acompañaba un grupo grande de la población. Al verla, el Señor se compadeció de ella y le dijo:
> —No llores.
> Entonces se acercó y tocó el féretro. Los que lo llevaban se detuvieron, y Jesús dijo:
> "Joven, ¡te ordeno que te levantes!
> El muerto se incorporó y comenzó a hablar, y Jesús se lo entregó a su madre.

Por último, Jesús resucitó a Lázaro después de haber estado en el sepulcro durante cuatro días. Había estado muerto por tantos días que, de hecho, su hermana Marta le dijo a Jesús: "Señor, ya debe oler mal" (Juan 11:39).

Como nota al margen, ¿no le resulta interesante que los líderes religiosos planearan matar a Lázaro después de su resurrección, a fin de destruir su testimonio? Juan 12:10-11 dice: "Entonces los jefes de los sacerdotes resolvieron matar también a Lázaro, pues por su causa muchos se apartaban de los judíos y creían en Jesús". No debería sorprendernos que esa fuera la reacción. Un amigo mío quien resucitó a algunas personas, me advirtió: "Robby, cuando resucites a alguien— y de seguro lo harás—estate preparado. Satanás tratará de robar ese testimonio. El poder de ese testimonio es el que más aborrece".

Mi amigo estaba en lo cierto. Algunas personas que no estaban presentes la noche cuando ese hombre regresó a la vida en Inglaterra refutaron el relato de docenas de testigos, incluso amenazaron a los profesionales médicos presentes y al pastor por reconocer la veracidad de la resurrección. También fui amenazado. Mi respuesta fue: "Hay profesionales médicos quienes dan fe del suceso, y un salón lleno de testigos".

Pero de regreso a la cuestión, no sabemos con certeza, pero probablemente Jesús haya resucitado incluso a más personas. Juan dice: "Y hay también otras muchas cosas que hizo Jesús, las cuales si se escribieran una por una, pienso que ni aun en el mundo cabrían los libros que se habrían de escribir" (Juan 21:25, RVR1960).

Y luego está el testimonio de los seguidores de Jesús. En el Nuevo Testamento se encuentran dos sucesos de resurrección que tuvieron lugar después de que Jesús ascendiera al cielo. En el capítulo nueve de Hechos, Pedro resucita a una mujer llamada Tabita, a quien se la conocía por su amor y compasión hacia otros. Y Hechos 20:7-12 relata una historia bastante humorística sobre un joven llamado Eutico, quien fue resucitado por el apóstol Pablo. (Digo *humorística* porque Eutico murió tras haber caído de un tercer piso mientras escuchaba a Pablo predicar un sermón particularmente largo. Después de descender a la calle y de resucitar a Eutico de la muerte, Pablo volvió a subir y continuó predicando hasta el amanecer. El versículo 12 dice: "Al joven se lo llevaron vivo a su casa, para gran consuelo de todos". ¡Estoy casi seguro de que también fueron grandemente consolados dado que el sermón de Pablo había llegado a su fin!).

Quisiera resaltar que Jesús nos mandó a sanar a los enfermos y a resucitar a los muertos. Si no lo hacemos, no le estamos obedeciendo. Así de simple.

Satanás procura nuestra muerte

Nuestra lucha es contra el enemigo. Satanás se complace en matar y destruir. Aborrece la humanidad, y le encanta vernos apenados y afligidos. A causa de él, mueren niños inocentes porque quedan atrapados en medio de un tiroteo entre pandillas. Las madres necesitadas por sus hijos pierden sus vidas a raíz del cáncer. Conductores ebrios atropellan a los hombres con ministerios prósperos, etc. Simplemente, me cuesta creer que tales cosas estén en conformidad con la voluntad de Dios. No se condice con lo que conozco sobre el carácter de Dios.

No obstante, tenga presente que para los que creen, la muerte no constituye un enemigo a quien temer. La veo como una lucha continua al paraíso. Jesús le dijo al ladrón arrepentido en la cruz: "Te aseguro que hoy estarás conmigo en el paraíso" (Lucas 23:43), y creo que es lo que sucede cuando las personas de fe fallecen. Cerramos nuestros ojos en este mundo y los abrimos en el paraíso.

La muerte incluso nos conduce a una experiencia más enriquecedora. El apóstol Pablo escribió: "Deseo partir y estar con Cristo, que es muchísimo mejor, pero por el bien de ustedes es preferible que yo permanezca en este mundo" (Filipenses 1:23-24). También escribió: "Así que nos mantenemos confiados, y preferiríamos ausentarnos de este cuerpo y vivir junto al Señor" (2 Corintios 5:8).

Por ahora, no podemos modificar el hecho de que todos algún día moriremos. La muerte es inevitable. Pero podemos ser el instrumento que Dios use para traer de regreso a la vida a quienes hayan muerto antes de su hora. También podemos ser usados para que Satanás deje de usar la muerte contra las vidas que roba y ataca.

Podemos orar para que cobren vida

¿Cuándo debemos orar para que los muertos cobren vida? Cada vez que tengamos la oportunidad. En lo personal, no creo que nunca esté mal hacerlo. Sin embargo, tenga presente que algunos quizás no quieran regresar a la vida. Jesús no resucitó a todos. Y hasta que venga la plenitud de su reino, todos los seres humanos deben morir (vea Hebreos 9:27). Pero hemos visto que hubo varias ocasiones cuando Jesús sabía que las personas habían muerto antes del tiempo señalado, y Él las resucitó de entre los muertos.

Nuevamente, como ya hemos señalado, cuando Jesús envió a los doce apóstoles, les dijo: "Dondequiera que vayan, prediquen este mensaje: 'El reino de los cielos está cerca'. Sanen a los enfermos, resuciten a los muertos, limpien de su enfermedad a los que tienen lepra, expulsen a los demonios. Lo que ustedes recibieron gratis, denlo gratuitamente" (Mateo 10:7–8). Considero que la misma orden también aplica para nosotros hoy. Jesús dijo: "Se me ha dado toda autoridad en el cielo y en la tierra" (Mateo 28:18). Como su Iglesia, somos parte de esa autoridad, lo cual significa que también nosotros tenemos el poder para resucitar a los muertos. Recuerde lo que dijo Jesús acerca del poder que nos ha sido dado:

"Ciertamente les aseguro que el que cree en mí las obras que yo hago también él las hará, y aun las hará mayores, porque yo vuelvo al Padre".

Juan 14:12

Dios nos ha dado poder. Depende de nosotros el usarlo.

14

SEA LUZ EN SU IGLESIA

"Ustedes son la luz del mundo. Una ciudad en lo alto de una colina no puede esconderse. Ni se enciende una lámpara para cubrirla con un cajón. Por el contrario, se pone en la repisa para que alumbre a todos los que están en la casa. Hagan brillar su luz delante de todos, para que ellos puedan ver las buenas obras de ustedes y alaben al Padre que está en el cielo".

Mateo 5:14–16

A Satanás le encanta cuando roba las identidades de los cristianos como usted y como yo; pero no se detiene allí. Las iglesias—congregaciones individuales y denominaciones enteras—constituyen también su blanco. Su corazón impío se regocija cuando logra alejar a todo un cuerpo de creyentes de los propósitos que Dios destinó para sus vidas.

Lamentablemente, durante los últimos siglos, ha logrado tener bastante éxito en esta área. Piense en las iglesias protestantes principales, las cuales perdieron su pasión por el evangelio y comenzaron a centrarse en las buenas obras. Su enfoque se dio a conocer como el "evangelio social". Algunas de ellas diluyeron tanto el evangelio que raramente, por no decir nunca, se mencionaba a Jesús desde sus púlpitos. Algunas se parecían más a clubes sociales dominicales que al Cuerpo de Cristo.

En toda mi carrera como pastor y evangelista, he visto congregaciones apartarse del ministerio transformador y lleno del Espíritu que Dios destinó para ellas. En algunos casos, el cambio es tan abrupto que prácticamente me dejaba sin aliento. Los avivamientos y las manifestaciones de Dios tal vez se sentían en el aire, pero luego se producía un giro de ciento ochenta grados cuando las personas rechazaban aquello que Dios estaba haciendo, porque decían: "Nunca antes lo hicimos de esa manera".

Jesús nos llamó para que seamos la sal y la luz en nuestras comunidades. Solo podremos hacerlo si conocemos quienes somos, si hemos resistido al ladrón de identidad y si permanecemos firmes como hijos de Dios. Asimismo, creo que también somos llamados a ser luz en nuestras congregaciones locales y nuestras denominaciones. Cuando nos mantenemos firmes en nuestra verdadera identidad, podremos ayudar a nuestros hermanos creyentes y a nuestras iglesias a hacer lo mismo.

Precaución: ladrón de identidad trabajando

He visto al ladrón de identidad obrar en muchos moveres. Lo he observado pasearse entre los ministros que aprecio y respeto. Las iglesias bautistas y metodistas me han contactado a raíz de sentir un gran dolor al saber que un aliento poderoso del Espíritu Santo comenzó a sus denominaciones y luego fue acallado, seguido de negaciones hacia el poder que una vez los impulsó. Muchos de estos pastores han llorado al teléfono conmigo, lamentando sus historias y la transformación hacia una iglesia segura y conservadora.

O considere lo que sucedió con Lonnie Frisbee, a quien Dios usó de una manera tan poderosa a principio de la década de los setenta, dando lugar al nacimiento de algunas iglesias como Calvary Chapel y el movimiento de Jesús. Miles de *hippies* conocieron a Jesús a través de este joven ungido, quien se paraba en las playas y en las esquinas de las calles para predicar sobre la salvación. Multitudes respondieron al llamado. No obstante, cuando Calvary Chapel creció de manera considerable repentinamente, a Lonnie lo enviaron a orar por las personas a un cuarto trasero porque cuando él oraba se manifestaba una gran "actividad del Espíritu Santo"; a pesar de que esa era la razón principal de por qué la mayoría de las personas se acercaban a ese lugar.

Posteriormente, en 1980, Lonnie predicó en el Día de la Madre en la iglesia Calvary Chapel de John Wimber en Yorba Linda, California, y nació otro mover del Espíritu. Sin embargo, el ladrón de identidad conspiró contra la vida de Lonnie por segunda vez, no solo volviendo a ocultar su ministerio poderoso, sino también al hacerle caer en pecado. Lonnie fue abusado de niño, lo cual lo llevó a batallar con su identidad sexual, que finalmente lo condujeron a que contrajera el virus del sida y muriera a una temprana edad.

Claramente, el ladrón de identidad está obrando, y no solamente sobre personas individuales, sino que va detrás de movimientos en su totalidad y busca destruirlos.

Control de carretera: por delante la viña despojada

Tengo experiencias más vívidas cuando se trata del movimiento La Viña (Vineyard), el cual ha sido mi hogar por más de veinte años. El ladrón de identidad también fijó su mirada en este cuerpo de creyentes, y casi logra su objetivo.

El nacimiento del movimiento La Viña a través de Kenn Gulliksen en la década de los setenta, y con John Wimber asumiendo el liderazgo en los ochenta, fue realmente poderoso. Tuvo su origen sobre las alas de lo que llamamos *evangelismo poderoso*. Marcó un regreso del poder manifiesto en los días de la Iglesia primitiva, cuando Dios confirmaba su palabra por medio de señales y maravillas y la Iglesia crecía rápidamente alrededor del mundo.

Sucedió lo mismo con el movimiento La Viña en aquellos días.

Miles de personas alrededor del mundo fueron impactadas por las enseñanzas de John Wimber, la manifestación de sanidades y el poder del Espíritu Santo que fluía a través de él. La gente se acercaba con oposición para oírle predicar y terminaban en el suelo, temblando por el poder de la presencia de Dios. He escuchado cientos de testimonios de personas que fueron tocadas por el ministerio de John Wimber, y cuyas vidas fueron transformadas drásticamente. Su impacto sacudió al mundo.

Me encanta el testimonio de Don Williams, en el cual él dice: "Cuando conocí a John Wimber, me volví trinitario". Anteriormente, Don conocía a Dios como el Padre y a Jesús como la Palabra, pero poco conocía acerca del Espíritu Santo. Era un pastor presbiteriano, quien desde entonces se ha convertido en una parte importante del movimiento La Viña, y en la actualidad es un respetado teólogo.

Nunca conocí a John Wimber personalmente, pero lo escuché predicar y ministrar en tres ocasiones. Siempre proponía "hacer las obras", refiriéndose a lo sobrenatural, lo que hacía Jesús; y a mí me encantaba su lealtad hacia todas las repercusiones del evangelio.

De hecho, hablando de nunca haberlo conocido, una vez Angie y yo caminábamos hacia la entrada del santuario Anaheim Vineyard para nuestra primera conferencia de La Viña, Estados Unidos. Era el año 1997. Doblamos en la esquina, y allí estaba John, caminando hacia nosotros.

Angie dijo: "Apresúrate, saca la cámara".

"Le dejé en el auto", respondí.

John se detuvo, nos miró fijamente y luego una amplia sonrisa se dibujó en su rostro. Casi teníamos temor de movernos. Solo nos miró por un minuto. Luego, inclinó su cabeza y entró por la puerta.

Miré a Angie y dije: "Vaya. Eso fue genial".

Como mencioné en un capítulo anterior, conocí el

movimiento La Viña durante el asombroso movimiento de Dios en 1994, el cual se dio a conocer como "Toronto Blessing" [La bendición de Toronto]. La iglesia del aeropuerto de Toronto, liderada por John y Carol Arnott, formaba parte de La Viña cuando se desató este avivamiento. La iglesia comenzó a experimentar visitaciones poderosas del Espíritu con sanidades sorprendentes, las cuales se extendieron por todo el mundo.

Sin embargo, cuanto más prominente el movimiento Toronto Blessing se volvía, más críticas recibía, tanto desde adentro del movimiento La Viña como desde afuera. John Wimber, junto con muchos otros miembros del consejo de La Viña de los Estados Unidos, se sentían cada vez más incómodos con las explicaciones dadas a raíz de las manifestaciones un poco bizarras que tenían lugar, así como también las precauciones de seguridad del lugar, tales como las líneas de cinta adhesiva sobre el suelo y los ujieres que se paraban detrás de las personas cuando estas se caían y que pudieron haber inducido dichas caídas. Pero la cuestión más relevante para Wimber era su sentir de que no se había puesto suficiente énfasis sobre el evangelismo.

El consejo de La Viña comenzó a preguntarse si la iglesia Toronto aún buscaba la cobertura de La Viña, dado a sus muchas conexiones con otras corrientes de alrededor del mundo. Por lo que me han contado varios miembros del consejo, algunos de ellos querían atenuar el obrar del Espíritu para una legitimación más eficaz del movimiento.

El estado de salud de Wimber era delicado en ese entonces y estaba cansado de defender la cuestión. Viajó con un equipo para reunirse con los Arnott y debatir las controversias, pero sin informarles la agenda de la reunión de antemano. Los Arnott, sintiéndose en una posición difícil al tener que escoger si permanecer o marcharse, decidieron que lo mejor era retirarse del movimiento La Viña. Muchos líderes de La Viña lo lamentaron, mientras que otros se alegraron. Al fin de cuentas, creo que el ladrón de identidad trabajó para dividir a estas dos corrientes poderosas.

Nuevamente, este patrón se ha repetido por generaciones en la historia de la iglesia a través de muchísimas denominaciones que comenzaron con un derramamiento poderoso del Espíritu. Al final, ciertas facciones comienzan a presionar a los líderes para moderar las obras del Espíritu Santo. Creo que esta es la razón que motivó a Jack Hayford a librar una poderosa profecía al movimiento La Viña hacia finales de la década de los noventa, la cual se hizo conocida en YouTube, y dice así: "Son tan vulnerables al estar viviendo desde afuera lo que yo miro y vivo desde adentro…Ustedes tienen que preguntarse a sí mismos si quieren vivir en el río o simplemente conocer el mapa que muestra dónde estaba el río". El movimiento La Viña estaba en peligro de ser atacado.

Tuve la experiencia de vivir una parte en carne propia. En realidad alcanzó el punto donde, cuando me reunía con otros pastores y líderes de La Viña en encuentros nacionales y regionales, Angie solía pedirme que no contara historias sobre sanidades y milagros. Ella sabía que cada vez que los escuchaba decir: "Oh, eso es de la vieja escuela de La Viña. Ya no lo hacemos ahora" quebrantaba mi corazón.

Angie me decía: "Tienes historias increíbles para compartir. Estas son tus trofeos de aquello que Dios ha hecho a través de tu ministerio. Pero las personas que forman parte del grupo en el que estamos, no valoran estas experiencias como una vez lo hicieron".

Ella estaba en lo correcto. Rompería mi corazón escuchar eso, aunque sabía que era cierto.

Pero el ladrón de identidad no obtendría la victoria final. En el año 2010, viajé con el pastor de La Viña Ed Loughran y algunos otros a fin de lavarle los pies a John y Carol Arnott. Buscábamos librarles de todo aquello que pudo haberse producido como resultado de la división de las visiones que tuvo lugar con La Viña de Estados Unidos. A raíz de nuestra conversación, resultó evidente que el ladrón de identidad había hecho su obra en ambos movimientos, causando confusión, problemas y robando aquella gran obra destinada para este derramar increíble.

Los Arnott fueron realmente amables y humildes en su respuesta. Nunca antes le habían lavado los pies a John y se sentía muy incómodo al respecto, pero estuvo dispuesto a que lo hiciéramos. Con lágrimas en sus ojos, nos bendijeron, al igual que a La Viña de Estados Unidos. Nos aseguraron de que no había resentimiento alguno hacia el movimiento. Luego, oraron por nosotros y, sí, una vez más, acabé tendido en el suelo.

Ahora ha ocurrido un gran cambio. Millones de personas de todo el mundo han sido testigos por medio de documentales como *Furious Love* [Amor furioso] y *Father of Lights* [Padre de las luces] el milagro que ha tenido lugar. Escucho a pastores de La Viña decir por todo el mundo: "Estamos insistiendo para volver a 'hacer las obras'". John Wimber nos dejó un legado el cual estamos comenzando de nuevo a vivir.

Precaución: camino sinuoso

Cuando la autopreservación toma el control, esta destruye la fe. Cuando nos volvemos reacios a asumir riesgos, y ya no estamos dispuestos a caminar por fe, perdemos nuestra capacidad de asombro ante Dios. Un encuentro con Dios debería ser tanto alegre como aterrador. Nunca vamos a poder acercarnos al Dios poderoso sin correr riesgos.

Nuestra aversión al riesgo puede tener que ver con nuestro temor de que Dios haga algo raro, y no queremos que nos sacuda el bote. Queremos permanecer en nuestra zona de confort, sin que Él haga nada que podría llegar a avergonzarnos enfrente de nuestros amigos inconversos. Un pastor una vez me dijo: "No quiero que las personas se asusten o se pongan nerviosas en la iglesia". Por dentro, pensé: *Entonces debería protegerlas de que se encuentren con Dios.*

Dios a veces puede resultar temible. El pensar que nuestro trabajo es proteger a la gente de Dios es un pensamiento que solo puede provenir de una fuente: Satanás, el ladrón de identidad.

Me viene a la mente una jovencita que asistía a nuestra iglesia. Un día me dijo: "Mi novio va a venir a la iglesia conmigo, y realmente espero que pueda recibir a Cristo. Pero él es una de esas personas que si algo raro sucede, se levantará y saldrá corriendo". Bueno, como Dios hace las cosas, hacia el final del servicio en el que asistió su novio, algunas personas cayeron bajo el poder del Espíritu, y comenzaron a temblar como electrocutadas, justo enfrente de su novio.

Vi que abría sus ojos cada vez más grandes y sabía que probablemente estuviera aterrado. Así que me acerqué a él, puse mi mano sobre su hombro y le pregunté: "¿Sabes qué estás viendo aquí?".

Pensó por un momento y respondió: "Bueno, creo que si Dios descendiera sobre un ser humano, esta sería la reacción que provocaría".

"¿Tienes miedo de esto?", le pregunté.

"Una parte de mí sí", dijo. "Pero otra no".

Le respondí: "Exacto, así es como Dios obra".

Su novio no salió corriendo de la iglesia en absoluto. Terminó dando su vida a Cristo y convirtiéndose en un miembro fiel y activo de la congregación. Como podrá ver, cuando damos un paso al costado y permitimos que Dios haga como quiere, cosas asombrosas suceden.

Piense en algunos de los riesgos que corrieron los apóstoles. En una ocasión, Jesús les dijo que alimentaran a cinco mil personas con solo algunos panes y peces (vea Marcos 6:30–44).

Todo comenzó cuando los discípulos vinieron a Jesús y le dijeron: "Uh, hay un problema. Tenemos un montón de gente hambrienta, pero no tenemos nada con qué alimentarlos".

Incluso tenían una solución.

"Hemos estado pensando, Señor", le dijeron, "y creemos que deberías despedirlos mientras todavía tengan tiempo para regresar a sus aldeas antes de que los restaurantes cierren sus puertas".

En otras palabras, estaban diciendo: "Señor, ya hemos elaborado un plan. Todo lo que necesitamos es que lo pongas por obra".

En cambio, Jesús les dijo: "Denle ustedes de comer".

¿Puede imaginarse sus reacciones? Fue algo así como "¿Qué dijo? Ja. Ja. Perdón, Jesús, pero por un minuto pensamos que dijiste: 'Denle ustedes de comer'".

"Fue lo que dije", les respondió.

"¿Con qué?".

Jesús se sonrió y les preguntó: "¿Qué es lo que tienen?".

Así que ellos le trajeron a un niño quien tenía unos pocos panes y algunos peces.

"Eso será suficiente", dijo.

Estoy seguro de que habrán pensado: *Por supuesto que no, Señor. Vamos a quedar en ridículo si tratamos de alimentar a esta gran multitud con esta pequeña cantidad de comida.* En mi mente, puedo ver a los discípulos paseándose por la multitud, cada uno con un puñado de migajas, diciéndole a la gente: "Sé que es algo extraño, pero esto es lo que Jesús nos dijo que hiciéramos, solo sigan la corriente, y sírvanse un poco, ¿está bien?".

Excepto que cuanto más daban, más panes y peces había.

Dudo de que los discípulos se hayan dado cuenta de que había ocurrido un milagro, hasta que los adolescentes de la multitud comenzaron a pelearse por la comida. Me los imagino comportándose como lo hacen todos los niños, arrojándose trozos de pan y pescado entre sí porque se habían saciado. Mientras tanto, los discípulos aún repartían puñados de comida.

El mensaje aquí es el siguiente: si le damos a Jesús lo que tenemos, Él lo multiplicará.

¿Y qué hay del pequeño niño? Aquel día, regresó a su hogar con doce cestas llenas de comida. Si ese niño hubiese vivido en el lado este de Aurora, Illinois, donde fundé mi iglesia, su madre le habría gritado, preguntándole: "¿De dónde robaste eso?".

El punto es que Jesús nos muestra qué es lo que sucede cuando nos rendimos a Él. Cuando ponemos nuestra identidad en sus manos, incluso cuando para nosotros no tiene sentido, Él lo multiplica. Él puede hacer mucho más a través de nosotros cuando abandonamos nuestra zona de confort y le permitimos moverse con poder.

Incluso puede derrotar las obras del ladrón de identidad en contra de grupos de personas si se lo permitimos, como hemos visto en este capítulo. Algunos renunciaron a sus asociaciones, denominaciones y movimientos por causa de la obra desalentadora del enemigo. Hay quienes se apartaron porque ya no veían el obrar del Espíritu de la manera en que una vez obró entre ellos. Otros permanecieron, pasando de ser pioneros innovadores a colonos sosegados.[1] Estas dos dinámicas han estado en conflicto dentro de la Iglesia desde sus orígenes.

Sin embargo, nunca debemos olvidar que allí permanece un remanente que Dios honrará. Dios no abandona a nadie. Él puede reavivar la luz en un lugar a través de nosotros si permanecemos fieles a lo que sabemos que es su obra, y no rendimos nuestra identidad a la obra del ladrón de identidad. Estoy confiado que la Iglesia obtendrá una victoria total.

15

¿QUIÉN ES USTED?

El Espíritu mismo le asegura a nuestro espíritu que somos hijos de Dios. Y si somos hijos, somos herederos; herederos de Dios y coherederos con Cristo, pues si ahora sufrimos con él, también tendremos parte con él en su gloria.

Romanos 8:16–17

El capítulo diecinueve de Hechos relata la historia de siete hijos de uno de los jefes de los sacerdotes judíos llamado Esceva, quienes trataban de expulsar demonios "en el nombre de Jesús, a quien Pablo predica" (versículo 13). Hacían esto a pesar de que no conocían a Jesús personalmente. No pertenecían a Él. Aun así, entendían que había poder en su nombre, así que lo usaban. Pero entonces:

> Un día el espíritu maligno les replicó: «Conozco a Jesús, y sé quién es Pablo, pero ustedes ¿quiénes son?» Y abalanzándose sobre ellos, el hombre que tenía el espíritu maligno los dominó a todos. Los maltrató con tanta violencia que huyeron de la casa desnudos y heridos.
>
> Hechos 19:15–16

Es una historia algo graciosa.

Aquí el punto principal es que estos siete jóvenes no poseían la sabiduría para invocar el nombre de Jesús, porque no tenían una relación con Él. Hasta donde sabemos, solo estaban experimentando con la autoridad, en vez de caminar en su verdadera identidad. No tenían derecho a usar la identidad de Jesús (del mismo modo que David no podía vestir la armadura de Saúl; vea 1 Samuel 17:38–39), porque no tenían una relación con Jesús. Pablo y los demás apóstoles tenían la autoridad para expulsar a los demonios y hacer muchos otros milagros, porque se los identificaba con Cristo.

Si le ha entregado su vida a Él, entonces usted es parte de su familia y, al igual que Pablo y los otros apóstoles, tiene el derecho de invocar su nombre y autoridad.

Usted tiene el poder

No importa si es joven o anciano, débil o fuerte, mujer u hombre, alto o bajo, blanco o negro, o cualquier otra cosa. Si pertenece a Jesús, Él le ha dado el poder y autoridad para sanar a los enfermos, resucitar a los muertos, expulsar a los demonios y hacer otras señales y maravillas en su nombre.

Permítame brindarle otro ejemplo para mostrarle que es verdad. Al comienzo del año 2015, me encontraba en Asheville, Carolina del Norte, para el YouthQuake 2015, un evento organizado por La Viña, Betel y las iglesias anglicanas. Cada año, aguardo con expectativas esta convocatoria porque Dios siempre se manifiesta allí, y ocurren muchos milagros. También me encanta ser parte de estas tres corrientes que fluyen juntas.

Ese año no fue la excepción.

Uno de mis momentos favoritos tuvo lugar cuando le pedí a una jovencita llamada Amberlee que orase por un joven quien tenía su hombro lastimado. Amberlee recién había recibido a Jesús la noche anterior, y el Señor le mostró su amor por ella al sanarle su hombro. Ahora, ella estaba dando un paso de fe, arriesgándose a orar por la sanidad de otra persona, algo que nunca había hecho antes.

Cuando terminó de orar, el rostro del joven se iluminó y exclamó: "¡El dolor se ha ido!".

Luego, me preguntó: "¿Podría orar para que mi pierna crezca? Mi cadera está deteriorándose, y ahora está una pulgada y un cuarto (tres centímetros) más corta".

Le pedí a Amberlee que volviera a orar por él, y mientras lo hacía, su pierna se alargaba a la vista de todos nosotros, y enfrente de las cámaras que capturaron dicho instante en video. Me conmovió hasta las lágrimas al ver el gozo en los rostros de este joven y de la jovencita quien había actuado por fe para orar por él. Amberlee dio un salto gigante de fe, y Dios la atrapó. Estaba viendo su verdadera identidad. Y al mes siguiente, ese jovencito de quince años corrió una maratón y llegó en segundo lugar, ¡ocupando el primer puesto un infante de marina de veinticinco años!

Todo lo que Dios quiere y busca son manos y corazones dispuestos.

Sea valiente

He vivido en carne propia la devastación que el sida ha causado en África, a raíz de un viaje que realicé a dicho lugar. Una asombrosa mujer, cuyo marido fue asesinado brutalmente por predicar el evangelio, me invitó a esa nación para ministrarles. No comprendía por qué Dios se había llevado a su esposo, me dijo, pero mantenía su confianza puesta en Él. Le respondí: "Tu esposo fue martirizado por causa del evangelio. Satanás vino a matarlo".

A pesar de que mi agenda estaba completa, Angie y yo decidimos que debía aceptar la invitación. Mi objetivo era ganar cientos de almas para Cristo—para cobrarle a Satanás por lo que le había hecho a este hombre de Dios—.

Quisiera compartir con usted la historia de este viaje debido a los muchos momentos en que Satanás trató de inculcar temor en mi corazón y en los corazones de quienes me acompañaban. Quiero mostrarle que no podemos vivir con temor del ladrón de identidad o permitirle que tome el control. Dios quiere manifestarse de manera poderosa a través de nosotros para quitarle al ladrón las personas que tomó y poder manifestar su gloria a través de ellos, en la medida que aprenden a caminar en su verdadera identidad. El temor no puede detenernos.

Emprendimos el viaje en junio de 2013, junto con otros dos pastores de La Viña, quienes también eran buenos amigos: Barry Long y Van Cochrane. Tuvimos dos semanas de entrenamiento intensivo sobre evangelismo poderoso, luego salíamos a las calles y pusimos todo en práctica a favor de las iglesias locales.

El viaje culminaba con un servicio al aire libre. Estábamos exhaustos, pero a la vez fortalecidos por la transformación que tendría lugar en esa área.

Se acercaron cientos de personas, la mayoría de estas eran las personas más pobres que jamás había visto; personas harapientas, hambrientas y necesitadas de Jesús. Muchas de estas sufrían de VIH y sida.

Mi equipo de ministración personal se conformaba por los dos hijos adultos del hombre de Dios que había sido asesinado. Sus ojos se llenaban de lágrimas mientras oraban conmigo por sanidad y guiaban a muchos a recibir a Cristo. Ese ministerio, les dije, fue nuestra mayor venganza contra Satanás.

Y Cristo se manifestó como un juez justo al ver su presencia llenando ese lugar. Más de doscientas personas se entregaron a Jesús, y ocurrieron tantos milagros que resultó imposible llevar un registro exacto. El sida no puede competir contra el amor y el poder de Jesús. La venganza de Dios estaba en pleno apogeo.

Recuerde que este es el reino del revés; y fue así que una de las primeras personas en aceptar a Jesús fue una prostituta reconocida en el área. Le mostré cómo podía orar por otros y verlos también recibir sanidad.

Al principio, algunos pastores no estaban a favor al ver esto. Conocían la reputación de esta mujer. Pero les dije que así es exactamente cómo Dios manifiesta su poder—Él usa a las personas que Satanás una vez tuvo bajo su dominio, aquellas a quienes el ladrón de identidad les hizo sentir que no servían para nada. La identidad falsa de esta mujer era *prostituta*. Su verdadera identidad era *princesa justa*. ¡Qué gran gozo fue verla abrazar y aceptar su verdadera identidad!

Hacia la mitad del viaje a África, visitamos una ciudad ubicada alrededor de dos horas de distancia de Harare, ciudad capital de Zimbabue. En cada ciudad que visitábamos, solíamos ir al mercado durante el día para orar por sanidad y librar palabras proféticas. Hacia la tarde, la noticia se habría difundido con tanta rapidez de que Dios estaba sanando a la gente y hablando a los corazones de las personas, que nuestros servicios de la noche se llenaban hasta que no cabía ni un alfiler.

En este día en particular, nuestro anfitrión me mostró una carta que había recibido del jefe de la Policía local. La misma expresaba que si continuábamos reuniéndonos en el área del mercado y realizando reuniones al aire libre, "nos arrestarían", "nos golpearían" y "nos extraditarían".

El pastor me dijo: "Robby, debes considerar esto seriamente, porque de seguro lo harán".

Yo le respondí: "No dudo de que lo harán, pero estamos viendo tantos milagros acontecer que deberíamos continuar".

Al día siguiente, mi anfitrión me dijo que la amenaza ahora se extendía no solo para mí y mi equipo, sino también para cada pastor de la ciudad. Esto era un cambio de juego, y no creía apropiado tomar la decisión de marcharme o quedarme en nombre de cada uno de los pastores de la ciudad.

Nuestro anfitrión nos dijo que él sentía que yo era la

amenaza real y que podían enviarme de regreso a Harare, y continuar con los servicios de la noche con el resto de mi equipo. Estuve de acuerdo, pero antes de partir de la ciudad, le pedí a mi chofer que se detuviera en una estación de servicio para que pudiese orar por algunas personas allí que necesitaban sanidad. Tan pronto como retomamos la ruta, una patrulla se nos aproximó, y con sus luces intermitentes, hizo que nos detuviéramos.

El oficial se acercó a la ventana y nos dijo que habíamos infringido la ley, ya que se nos había pedido que nos marcháramos. Tomó nuestros papeles, regresó a su auto por alrededor de quince minutos, y al regresar nos dijo que estábamos libres para partir, dado que por alguna razón no lograba contactar a su jefe por la radio.

¡Una vez más, Dios había intervenido a nuestro favor!

Al regresar a Harare, Darrin, el pastor de la iglesia La Viña de allí, nos dijo: "Robby, la situación por la que tuviste que atravesar es el motivo por el cual tengo temor de orar por las personas públicamente. No me importa orar por ellas en sus hogares o en mi iglesia, pero orar al aire libre siempre me ha aterrado".

Le dije a Darrin que si se animara a venir conmigo al mercado, le mostraría cómo puede vencer ese temor. Al día siguiente, fuimos con algunas personas a un lugar abierto, en donde cientos de personas estaban reunidas a causa del transporte público.

Miré a Darrin y dije: "Quédate justo detrás de mí. Haz exactamente lo que te digo, y te prometo que nunca más tendrás temor de volver a hacer esto".

Darrin tenía la impresión de que solo tendría que quedarse allí parado y mirar al ministro, y que eso quitaría su temor. Le dije: "Darrin, tú no eres una persona temerosa. El temor que sientes es una mentira del enemigo. Debes confiar en lo que Dios dice que eres".

Cuando bajamos de la camioneta, giré hacia Darrin y dije: "¿Estás conmigo?".

"Sí, estoy listo para mirar", respondió.

Entonces, giré en dirección a la multitud y grité: "Todo aquel que necesite sanidad venga aquí ahora mismo. Mi amigo Darrin orará por usted, y Jesús lo sanará".

Darrin me miró con una expresión de asombro y terror, mientras docenas de personas comenzaron a rodearlo. No había otra salida, excepto orar.

Después de aproximadamente treinta minutos de haber estado orando, Darrin me llama: "¡Robby, mira!".

Me extendió su mano, y pude ver que estaba calmada y quieta.

"¡No hay más temor!", exclamó.

Luego de partir de Zimbabue, recibí algunos correos electrónicos por parte de varias personas diciéndome que había arruinado a Darrin. Él nada más quería salir a los lugares públicos para hacer milagros y librar palabras proféticas que atraerían a las personas a Jesús. Ya no era controlado por el ladrón de identidad, sino que estaba viviendo su verdadera identidad.

¿Puede notar todo lo que sucedió en este viaje porque no se le dio lugar al temor? Nos acercamos a aquellos enfermos porque sabíamos que Dios deseaba sanarlos. Creímos que Dios quería hacerle pagar a Satanás por la muerte del esposo de Pam, así que caminamos confiadamente hacia el lugar en donde el asesino podría haber estado. Declaramos la verdad cuando otros creyentes querían disminuir lo obra de libertad que Dios estaba trayendo a sus hijos. Continuamos con nuestro ministerio a pesar de haber sido amenazados por las autoridades. Confiamos en que Dios tiene la supremacía. Y ayudamos a otros a abrazar una vida libre de temores, la cual Dios tornó en un ministerio poderoso a través de ellos. Esta es la vida que Dios desea que usted tenga. ¿Le permitirá al Señor dársela?

Sane a las personas

Si tan solo abriera sus ojos y mirara, vería que en todas partes hay batallas por luchar, y podemos ser usados para obtener la victoria. Más aún, *necesitamos* que Dios nos use. Si no somos nosotros, entonces, ¿quiénes?

Por ejemplo, una vez me encontraba sentado al lado de una señorita en un vuelo con destino a China, cuando noté que tenía un aparato ortopédico en su brazo y que sus dedos estaban encogidos. Estaba tomándose una bebida, así que supe que le dolía.

"¿Qué le pasó a tu brazo?", le pregunté.

"Trabajo en el centro de Chicago", dijo, "y me resbalé en el hielo y me lastimé la mano. He pasado por tres cirugías y realizado fisioterapia, pero no parece mejorar".

"¿Te duele?", le pregunté.

"Sí, me duele mucho".

"Bien, podemos orar al respecto", dije. "Todo el dolor puede desaparecer ahora mismo. Jesús realmente te ama y busca tener una relación contigo".

"Bueno, no soy una mujer feligresa".

Me reí. "Bueno, no estoy muy seguro de lo que eso significa, pero estoy hablando de tener una relación con Él".

Me permitió orar para que el dolor desapareciera, y así sucedió, de manera instantánea. Luego oré para que se fuera el entumecimiento y para que regresara la sensibilidad.

No dejaba de mirar su mano, hipnotizada. Alcanzó su bolso, tomó una pelota y la apretó. Mientras lo hacía, una lágrima rodó por su mejilla.

"Nunca antes había logrado hacer esto", dijo.

Ese mismo día, en mi vuelo de conexión, me acababa de

sentar cómodamente cuando transmitieron un mensaje por los altavoces.

"Tenemos una emergencia médica", dijo la azafata. "¿Hay algún doctor a bordo?".

Me levanté y me dirigí hacía la sección del avión en donde tenía lugar la emergencia y encontré a una pequeña niña en peligro. Tenía alrededor de tres años de edad y una temperatura de 104 (40 °C). Otro caballero se acercó también para ofrecer ayuda. Era pediatra, y le pidió a la azafata algunas bolsas de hielo para ayudar a que la fiebre disminuyera.

Pregunté si podía orar por ella.

El pediatra dijo: "Mire, esta es una emergencia médica. Déjeme manejarla".

Cuando él fue a buscar las bolsas de hielo, le dije a la mamá de la niña que podía orar por su hija allí mismo y que podría sanarse.

"Hazlo", dijo.

El doctor se molestó cuando regresó y me vio orando por la niña, y la azafata me ordenó que volviera a mi asiento. Pero cuando le volvieron a tomar la temperatura a la niña, había descendido a 101 (38 °C).

Cuando arribamos a nuestro destino, la azafata me agradeció por orar y me dijo que la niña ya estaba mejor, con una temperatura de 98 (36,5 °C).

"Ni siquiera tuvimos que darle ningún medicamento", me dijo sonriendo.

Ahora bien, ¿por qué no me sorprende?

Transforme destinos

Nunca olvide cuál es su identidad en Cristo. Si tiene pensamientos o sentimientos que lo hacen sentirse mal sobre usted mismo, recuerde que estos provienen del enemigo. No crea las mentiras de Satanás. Usted no es quien él dice que es.

Los pensamientos y sentimientos que arroja sobre usted tampoco lo definen. Por ejemplo, tener un pensamiento inmundo no lo convierte en una persona inmunda. No tiene razón para sentirse avergonzado.

Satanás no puede leer su mente, pero puede poner en usted pensamientos y sentimientos. La única manera que tiene para saber si ha logrado su objetivo es ver lo que usted habla o lo que hace. Si por ejemplo pone un pensamiento inmundo en su mente, y usted dice: *Oh, soy una persona inmunda*, él se reirá y dirá: *lo atrapé*.

La Biblia dice que Jesús fue tentado en todo. Esto significa que debió haber sido tentado con malos deseos, pero se negó a darles lugar. Se dio la vuelta y derrotó todos esos deseos. No pudieron prevalecer contra él.

Esta es la respuesta que también trato de tener. Si veo a una mujer atractiva cuando voy conduciendo, por ejemplo, y me veo tentado a codiciarla, torno la maldición de Satanás en una bendición. Comienzo a orar: *Señor, bendice a esa mujer. Atráela hacia una relación contigo. Te doy gracias porque sé que la usarás para hacer grandes cosas para tu reino.* A veces hasta bajo la ventanilla y comienzo a decirle a la mujer que Jesús la va a usar para transformar su comunidad al traer a muchas personas a Cristo.

Cuando Satanás escucha esto, grita: *¡Alto el fuego! ¡Retrocedan!* Él sabe que le estoy devolviendo sus dardos.

El enemigo siempre está tratando de confundirnos, manipularnos y hacernos creer que no somos quienes en verdad somos. Las personas a menudo me dicen: "Desearía poder hacer lo que tú haces, pero no soy tan valiente". Esa es una mentira de Satanás. Así es como él quiere que se vea a usted mismo—carente de valentía—. O alguien me dice: "Soy solo una persona egoísta". Esto también es una mentira por parte del enemigo. Cuando el enemigo le diga estas mentiras sobre usted, solo respóndale: *Eso es mentira, y la rechazo en el nombre de Jesús.* Nunca escuche las mentiras de Satanás.

La verdad es que usted fue destinado a cambiar destinos enteros. ¿Sabe cómo se hace? Una persona a la vez.

En una oportunidad, cuando estaba como pastor invitado en una iglesia, Dios me dio una palabra para un joven quien estaba sentado en la congregación. Lo señalé y dije: "El Señor me está mostrando que has tenido muchas luchas en tu familia".

Antes de que pudiese continuar, el joven se puso de pie y comenzó a correr en el lugar. Luego se dio la vuelta y corrió hacia la puerta. Cuando el pastor de jóvenes se paró enfrente de él para tratar de detenerlo, el joven comenzó a gritar: "¡Tengo que salir de aquí! ¡Tengo que salir de aquí!".

Reprendí en oración al espíritu de temor, y los hombros de aquel joven se bajaron y su pánico menguó.

"Dios quiere que sepas que Él tiene su mano sobre tu vida", dije.

Continué dándole una palabra profética por parte del Señor, y dejó caer su cabeza y comenzó a llorar.

Un año y medio después, cuando regresé a aquella iglesia, puede escuchar el final de la historia al encontrarme de nuevo con ese joven. Me dijo: "Tengo que contarle cómo aquella noche cambió mi vida. Antes, vivía con un pie en la iglesia y otro en el mundo. Pero cuando usted me llamó, oí una voz que decía: *Tienes que salir de aquí. Él va a revelar todos tus pecados.* Entré en pánico. Era como si la iglesia se prendiera fuego. Pero cuando comenzó a orar por mí, la voz se acalló y me sentí bien. Y todo lo que me dijo se cumplió".

Le reitero, nunca tiene que escuchar a Satanás. No hay trucos. El poder ya le ha sido dado. Solo tiene que dar un paso de fe y usarlo.

No tiene que ser perfecto. (Además, si pertenece a Jesús, ya es perfecto porque ha sido justificado). No tiene que pasar años en el desierto para aprender cómo ser un canal del poder de Dios y ponerlo por obra. No tiene que aprender a hacer oraciones largas y elocuentes para conmover hasta las lágrimas a todo aquel que lo escuche. No tiene que solucionar nada en primer lugar. Jesús ya lo hizo. No tiene que primeramente convertirse en alguien especial. Aquel ser especial ya vive en usted.

Jesús está obrando a su alrededor cada día y lo invita a participar. Solo zambúllase de cabeza en la vida de Jesús. Ponga su fe en Él. Actúe por medio de su poder. Dios puede usarlo, y de seguro lo hará, para hacer las obras que Jesús hizo.

¡Viva su verdadera identidad como alguien que transforma destinos!

NOTAS

Capítulo 1: ¡Nos han *hackeado*!

1. Javelin Strategy and Research, "More Than Twelve Million Identity Fraud Victims in 2012 According to Latest Javelin Strategy and Research Report", 20 de febrero de 2013, https://www.javelinstrategy.com/news/1387/92/More-Than-12-Million-Identity-Fraud-Victims-in-2012-According-to-Latest-Javelin-Strategy-Research-Report/d,pressRoomDetail.

2. TransUnion, "Identity Theft Facts", http://www.transunion.com/personal-credit/identity-theft-and-fraud/identity-theft-facts.page.

3. Chad Terhune, "Anthem Hack Exposes Data on Eighty Million; Experts Warn of Identity Theft", *Los Angeles Times*, 5 de febrero de 2015, http://www.latimes.com/business/la-fi-anthem-hacked-20150204-story.html#page=1.

Capítulo 3: Dios usa a guerreros heridos

1. Agradezco el aporte que hizo mi querida amiga Nicole Voelkel en este capítulo, al proveerme información de su testimonio personal sobre los hechos que experimentamos en República Dominicana.

Capítulo 5: Manténgase conectado

1. Daniel Goleman, "Long-Married Couples Do Look Alike, Study Finds", *New York Times*, 11 de agosto de 1987, http://www.nytimes.com/1987/08/11/science/long-married-couples-do-look-alike-study-finds.html.

Capítulo 9: Conozca su identidad

1. John Wimber and Kevin Springer, *Power Healing* (Sanidad poderosa) (Nueva York: Harper Collins, 1987).

Capítulo 10: Reciba un nuevo corazón

1. Robby Dawkins, *Do What Jesus Did* [Hacer lo que hizo Jesús] (Bloomington, MN: Chosen, 2013), 48. Para leer la historia completa, lea las páginas 43–48.

Capítulo 14: Sea luz en su iglesia

1. Agradezco a mi amigo Tri Robinson por proporcionarme esta imagen de los pioneros y colonos, gracias a un artículo que él escribió en su blog: www.trirobinson.org.

Robby Dawkins y su esposa, Angie, han estado casados por más de veinte años y tienen seis hijos. Robby es la quinta generación de pastores nacido de padres misioneros en Japón. Sirvió como pastor de jóvenes durante doce años antes de fundar una iglesia de La Viña (Vineyard) ubicada en el centro de Aurora, Illinois, en donde el setenta por ciento de sus miembros recibieron a Cristo en la iglesia y un sesenta por ciento fueron salvos a través de encuentros poderosos. En el año 2013, el alcalde de Aurora, junto con el jefe de la Policía, le otorgó un reconocimiento a Robby y a su iglesia por marcar una diferencia significativa en la reducción del índice de delincuencia en Aurora. Robby y Angie sirvieron en la iglesia de Aurora desde 1996–2013.

En la actualidad, Robby viaja constantemente como ministro itinerante, visitando a las iglesias de la misma denominación y de otras denominaciones, a fin de dotarlas del evangelismo poderoso. Asimismo, ha predicado en cuarenta y seis países y a públicos de más de once mil espectadores. Recientemente, presentó las películas *Furious Love* [Amor furioso] (2010), *Father of Lights* [Padre de las luces] (2012) y *Holy Ghost: Reborn* [El renacimiento del Espíritu Santo] (2015). También ha aparecido en programas de GOD TV, TBN y en *It's Supernatural!* de Sid Roth. Su libro *Do What Jesus Did* [Hacer lo que hizo Jesús], publicado en el año 2013, se ha posicionado en el tercer lugar en la lista de los más vendidos de Amazon y ha sido un éxito en los Estados Unidos, Reino Unido y Europa.

Para más información:
visite www.robbydawkins.com.
Contáctese con Robby a través de Facebook:
www.facebook.com/robbydawkinsministries
o por Twitter: www.twitter.com/robbydawkins.

Sabor Latino $ 214⁹²

La Lotera $ 191⁰⁴